BusinessVillage

Susan Omondi | Alexandra Lang

EIGENVERANTWORTUNG

Das Beste, was dir passieren kann

BusinessVillage

Susan Omondi, Alexandra Lang
Eigenverantwortung
Das Beste, was dir passieren kann
1. Auflage 2023

Bestellnummern
ISBN 978-3-86980-701-0 (Druckausgabe)
ISBN 978-3-86980-702-7 (E-Book, PDF)
ISBN 978-3-86980-703-4 (E-Book, EPUB)

Direktbezug unter www.businessvillage.de

Bezugs- und Verlagsanschrift
BusinessVillage GmbH
Reinhäuser Landstraße 22
37083 Göttingen
Telefon: +49 (0)5 51 20 99-1 00
Fax: +49 (0)5 51 20 99-1 05
E-Mail: info@businessvillage.de
Web: www.businessvillage.de

Lektorat
Isabelle Romann, www.linkedin.com/in/isabelle-romann

Layout und Satz
Sabine Kempke

Autorinnenfotos
Benjamin Dütschler

Druck und Bindung
www.booksfactory.de

Inhalt

Über die Autorinnen

Susan Omondi

Geboren in Kenia, kam Susan Omondi im Jahr 1997 nach Deutschland. Nach ihrem betriebswirtschaftlichen Studium und ihrem Masterstudium in Business Information Technology war sie mehrere Jahre in namhaften Unternehmen als Qualitätsmanagerin, Projektleiterin und Lead-Auditorin in der Schweiz tätig. Inzwischen hat sie ein Unternehmen gegründet und bietet mit ihren Mitarbeitern Leistungen wie Projektmanagement, Trainings, Diversity und Ethik in der Technologie sowie Digitalisierung von Prozessen an.

Als Nichteinheimische erfuhr Susan genügend Ablehnung bei der Job- und Wohnungssuche – so blieb ihr nichts anderes übrig, als an sich selbst zu arbeiten. Sie erkannte, dass wahrer Erfolg und Stärke von innen kommen. Sie glaubt daran, dass jede Person etwas Großartiges erschaffen kann – wenn sie Schuldzuweisungen hinter sich lässt. Dies heißt für Susan, Verantwortung für sich selbst zu übernehmen und dadurch mehr Einfluss zu gewinnen.

Mit ihrem #OmondiLIVE-Team schafft sie auf den Social-Media-Plattformen Räume für Begegnungen. Ihre Keynotes auf großen Bühnen begeistern viele Menschen, und ihre Story wurde schon oft als life-changing beschrieben.

Kontakt

susan.omondi@valueaddition.de
www.valueaddition.de / www.susan-omondi.de
www.linkedin.com/in/susanomondi

Alexandra Lang

Die gebürtige Österreicherin absolvierte in Wien ein Doppelstudium in Betriebswirtschaft sowie Coaching, Personal- und Organisationsentwicklung. Verbindungen mit Menschen schaffen, ist ihre Passion. Diese Passion lebt sie seit über fünfzehn Jahren im Sales-Bereich. Dabei hatte sie schon Funktionen mit einer Umsatzverantwortung von bis zu über vierzig Millionen Euro inne.

2016 zog sie in die Schweiz und hatte zunächst kaum Kontakte. Heute, sieben Jahre später, verfügt sie über ein solides und persönliches Netzwerk in einem Land, dessen Bewohner als reserviert gelten.

Sie folgt bewusst ihrem Herzen und der Freude. Ihr Lebensmotto lautet »Home is where your heart is«. Sie ist davon überzeugt, dass alles in uns selbst beginnt, um erfolgreich zu sein und wahre Kraft zu leben. Ihre Entschlossenheit, die volle Verantwortung für sich selbst zu übernehmen, hat ihr Leben entscheidend verändert. Mit ihrer Lebensfreude und Energie steckt sie andere Menschen positiv an. Ein inneres Strahlen, das sich von Mensch zu Mensch überträgt.

Kontakt

welcome@alexandralang.ch
www.alexandralang.ch
www.linkedin.com/in/alexandra-lang

Vorwort von Bruno Schenk

Mit einem Zufall, aber auch mit einem typischen Vorgehen meinerseits, bin ich zu der großen Ehre gekommen, Teil dieses Buches und Vorwortes zu werden: Mit etwas Neugier kommentierte ich einen LinkedIn-Artikel von Susan und Alexandra. Sie waren auf der Suche nach Beispielen oder Erfahrungen zum Thema Eigenverantwortung.

In diesem Buch werden eindrucksvoll Erfahrungen, Einsatzmöglichkeiten und Impulse wiedergegeben, welche die Sichtweisen der Leserinnen und Leser zum Thema Selbstverantwortung erweitern können. Elementare Themen wie Beziehungen, Verantwortung, Zusammenarbeit, Netzwerk und Beeinflussung werden durchleuchtet. Auch schildern Susan und Alexandra mit einer herzlichen Offenheit, warum Mut in diesem Thema so wichtig ist und wir deshalb mutiger werden sollten. Auch, was es heißt, zu agieren, reagieren und aus Fehlern zu lernen, findet Platz.

Der Faktor Mensch ist und bleibt zentral – das ist schön und sollte uns alle motivieren, am Thema Selbstverantwortung zu arbeiten, die Möglichkeiten auszuschöpfen sowie das Umfeld zu nutzen, aber auch gleichzeitig zu beleben. Eigenverantwortung ist das Beste, was dir passieren kann, davon sind wir überzeugt, denn Eigenverantwortung kann eine unglaubliche Zufriedenheit, Ausstrahlung und Motivation ermöglichen.

Die Leserinnen und Leser werden eingeladen, die eigenen Reflexionen am Schluss der Kapitel zu notieren, was ein iterativer Prozess sein sollte. Denn der Mensch lernt jeden Tag Neues dazu. So soll das Buch auch angewendet werden.

Nicht zuletzt möchte ich das öffentliche Engagement von Susan und Alexandra herausheben und loben – dies ist wahre Eigenverantwortung, die hier lebt und inspiriert. Ich, du, wir.

Herzlichst, Bruno Schenk

Wohin dich dieses Buch führt

Wir nehmen dich mit auf eine wunderbare Reise, auf der folgende Fragen im Mittelpunkt stehen:

- Wie erkennst, erweiterst und lebst du deine Eigenverantwortung und deinen Einflussbereich?
- Warum ist Eigenverantwortung überhaupt von Bedeutung? Welchen Mehrwert bringt dir die Übernahme von Eigenverantwortung?
- Warum Eigenverantwortung das Beste ist, was dir passieren kann?

Wir erzählen dir auch unsere eigenen Geschichten, berichten von emotionalen und zum Teil sehr prägenden Erfahrungen. Wir teilen unsere wichtigsten Learnings mit dir und regen dich so zum Nachdenken an – veranschaulicht durch Fragen, Übungen und erprobten oder praktischen Modellen. So kannst du lernen und den einen oder anderen Fehler vermeiden. Es geht darum, zu erkennen, wie viel Kraft und Macht in uns selbst steckt. Wir sind selbst fasziniert davon, was für jeden möglich ist. Unsere Begeisterung ist so stark, dass wir sie in die Welt tragen möchten und daher beschlossen haben, dieses Buch zu schreiben. Für dich. Für uns.

Wir beschäftigen uns seit Jahren, seit Jahrzehnten mit dem Thema Selbstverantwortung. Wir leben unser bestes Leben, unsere höchste Version, unser volles Potenzial. Das ist unsere Mission. Zweifel, Ängste, all die weniger angenehmen Gefühle haben uns genauso begleitet – entscheidend ist der Umgang damit, das Agieren, das bewusste Reagieren auf die anspruchsvollen Situationen in der Businesswelt.

Das Annehmen von Eigenverantwortung ist magisch und beeinflusst unser Leben maßgeblich – jeden Tag. Die Magie entsteht mit neuen Sichtweisen, mit bewussten Perspektivenwechseln und der Erfahrung, wie sich so die gesamte Gefühlslage ändern kann.

Wie du dieses Buch anwendest

Herzlichen Dank, dass du dich auf dieses Buch einlässt! Wir freuen uns sehr, dass du bereit bist, von unseren Erfahrungen und unserer Expertise zu lernen. Dieses Buch hilft dir, deine Eigenverantwortung Schritt für Schritt zu entwickeln und auch andere dazu zu befähigen – für mehr Erfolg im Leben und im Beruf. Darüber hinaus lernst du, wie du mit deinen Produkten und Lösungen und mit den Menschen in deinem Umfeld verantwortungsvoll umgehst.

Das Leben ist bekanntlich bunt und so wollen wir sichergehen, dass wir bei wichtigen Begrifflichkeiten von derselben Sache sprechen. Deshalb werden wir vorab definieren, was scheinbar klar ist, denn uns ist wichtig, verstanden zu werden. Du wirst deinen Mehrwert daraus ziehen – mit viel Neugierde und Freude wird er größer.

Du darfst dich von vorne nach hinten, ganz klassisch, Schritt für Schritt leiten lassen. Du kannst allerdings auch jedes Kapitel einzeln lesen und bearbeiten. Das gibt dir Impulse, damit du die Herausforderungen im privaten oder beruflichen Kontext souveräner angehst. Das Buch will dich weiterhin zu dem Zeitpunkt stärken, wenn du es brauchst, beispielsweise wenn du gerade ein Stimmungstief hast oder dir die Motivation fehlt. Dabei werden dir auch persönliche Notizen und Anker, die du machen darfst, wo immer du magst, helfen, dich schnell wieder in eine gute Energie zu bringen.

Du kannst die wichtigsten Erkenntnisse aus jedem Kapitel zusammenfassen und diese umsetzen. Wir bereiten Reflexionsfragen nach jedem Kapitel für dich vor. Beantworte diese Fragen und übertrage das Gelernte in deine Praxis.

Wir haben das Buch bewusst in sechs Teile aufgeteilt:

Teil 1: Erkenne deine Eigenverantwortung und deinen Einflussbereich

Teil 2: Entdecke das Gemeinsame und schaffe Verbindungen

Teil 3: Erlebe die Vorteile der Eigenverantwortung im Team und wirke gemeinsam

Teil 4: Geh die ersten Schritte

Teil 5: Inspirierend – wie Bruno Schenk Eigenverantwortung lebt

Teil 6: Zu guter Letzt – mach dein Ding genau jetzt!

Vielleicht fragst du dich, welcher Abschnitt und welcher Gedanke von welcher Autorin stammt. Die Antwort ist, dass das gesamte Buch eine Teamleistung ist, es ist gemeinsam entstanden. Dennoch haben wir es uns so aufgeteilt, dass in jedem Kapitel entweder Alexandra oder Susan die Federführung innehatte. Die Namensnennung verrät es dir immer zu Anfang des Kapitels.

Wir wünschen dir eine erkenntnisreiche Entdeckungsreise, denn Eigenverantwortung ist das Beste, was dir passieren kann.

Teil 1:
Erkenne deine Eigenverantwortung und deinen Einflussbereich

1. Agierst du oder reagierst du?

von Alexandra Lang

In diesem Abschnitt klären wir zunächst den wichtigen Unterschied zwischen Proaktivität und Reaktivität und das, was wir darunter verstehen.

Proaktivität versus Reaktivität

In der Proaktivität liegt eine enorme Kraft. Wir verstehen unter Proaktivität, klar zu sein. In der Zielformulierung. Im aktiven Tun, im Setzen der einzelnen Schritte. Tun und umsetzen, mit bewusstem Vorausschauen. Proaktiv sein heißt für uns, Verantwortung zu übernehmen, eigenverantwortlich zu denken und zu handeln. Proaktivität ist mit Gelassenheit verbunden. Es bedeutet auch, zu erkennen, wann es Ruhe und Raum braucht. Auch ein Nichtstun kann sehr aktiv sein. Proaktiv sein heißt, selbst den ersten Schritt zu machen und nicht zu warten, bis andere für dich bestimmen. Ich agiere, anstatt nur zu reagieren. Kennst du das Gefühl des Wartens? Ist es für dich angenehm, in der Warteposition zu sein? Zu warten, bis der andere sein Verhalten verändert, bis er so reagiert, wie du es möchtest? Wir können es sehr gut nachempfinden. Es macht passiv, hilflos. Das beste Leben zu leben bedeutet für uns, sich gut zu fühlen. Die Kraft wiederzuentdecken, sich wieder daran zu erinnern. Es ist ein Muskeltraining. Mit den Gedanken beginnt es. Das ist immer wieder die Erfahrung, die wir machen. Ein Gedanke verstärkt den nächsten. Schon befindest du dich in einer geballten Ladung von Gedanken.

Alles ist Energie. Was du ausstrahlst, ziehst du an. Sei gut zu dir selbst. Pflege die Beziehung mit dir. Die Vergangenheit ist vorbei. Verweile im Hier und Jetzt. Du hast jederzeit die Wahl. Lache auch gerne mal über dich, nimm es locker, wenn es mal nicht so gelingt. Es ist menschlich. Du bist nicht allein. Miteinander können wir uns begleiten, stärken. Austausch hilft sehr. Traue dich, dich zu öffnen. Bleibe dran. Sei du selbst. Habe stets die Lösungen im Blick. Sei kreativ, lasse dich auf neue Wege, auf gewinnbringende Erkenntnisse ein. Verbunden mit Fröhlichkeit, Humor und Freude.

Reaktiv sein bedeutet für uns, anderen die Macht über unser Leben und unsere Gefühlslagen zu geben. Dann wäre nicht mehr ich selbst, sondern der andere für meine gute Stimmung, für meine Gefühle verantwortlich. Bewusstes Reagieren ist für uns immer proaktiv. Im Wie liegt der grundlegende Unterschied und wir haben die Wahl. Wir können wählen, wie wir Dinge bewusst wahrnehmen und wir können wählen, wie wir uns verhalten. Gibt es eine Situation, die mich triggert, die etwas in mir auslöst, kann ich immer bewusst reagieren. Der Mensch hat immer die Wahl. Du gibst dir selbst den Raum. Du entscheidest bewusst, wie du reagierst, wie du mit der Situation umgehst. Bewusst reagieren kann heißen, dir selbst den Raum zu geben, bewusst zu atmen, zu entschleunigen – in der Ruhe zu sein. Darin zu verweilen, in diesem Raum. Probiere es aus – es ist magisch. Egal in welchem Miteinander, nicht nur in der Geschäftswelt. Übung macht den Meister. Dazu kommen wir später.

Die Wortwahl und die Art der Energie, mit der du selbst deine Sätze formulierst, haben enormen Einfluss. Ein paar Beispiele zeigen dir den Unterschied zwischen Proaktivität und Reaktivität auf.

Wortwahl, die Reaktivität signalisiert	**Wortwahl, die Proaktivität signalisiert**
Ich muss.	Ich will.
Ich habe keine Zeit dafür.	Ich nehme mir Zeit dafür.
Das kann ich nicht.	Ich frage X, damit ich weiß, wie das geht.
Bei diesem Wetter bin ich immer so müde.	Ich nehme mir heute nur leichte Aufgaben vor.

Fühlst du den Unterschied der Wortwahl? Gigantisch, was sie ausmacht, nicht wahr? Du kannst wählen – immer.

Agierst du oder reagierst du?

Lese ich »Agierst du oder reagierst du?« bewusst, so spüre ich, Alexandra, beim Agieren eine Kraft, eine Power. Ich bin proaktiv. Ich bin voller Tatendrang. Ich habe ein Ziel, und diesem folge ich. Mit Hingabe. Mit Selbstvertrauen. Mit Herz. Mit Wissen. Und ich weiß: Es fängt bei meinen Gedanken an. Bei mir selbst. Mir meinen eigenen Gedanken bewusst zu sein. In der Beobachtung liegt für mich enorme Kraft. Gedanken ziehen zu lassen. Wie Wolken. Das ist auch Agieren für mich. Sehr bewusst. Sehr kraftvoll. Hier braucht es Gewahrsein. Den Raum zu halten. Voll hier zu sein. Präsent. Im Hier und Jetzt. Dann passiert etwas.

Kannst du es beobachten? Kannst du es spüren? Schaue dich um. Was siehst du? Was hörst du? Was nimmst du wahr? Gönne dir diesen Augenblick.

Ein Ankommen. Ich agiere bewusst. Von innen nach außen. Klar. Während ich diese Zeilen schreibe, fühle ich, wie klar ich mittlerweile geworden bin. Das war nicht immer so. Lebenserfahrungen haben mich geprägt: schmerzhafte, kränkende und verletzende. Schon früh im Alter von siebzehn Jahren begann ich, ein Buch über positives Denken zu lesen. Es war damals neu für mich, zu erfahren, dass ich mit meinem Denken etwas an meinem Leben ändern kann. Ich tat mich schwer damit, denn so eine Denkweise passte so gar nicht zu dem, was mir oft auf dem Lebensweg mitgegeben wurde. Ich dachte immer »Es ist, wie es ist!«. Dann erkannte ich aber mehr und mehr, wie die eigene Art zu denken auch darauf Einfluss hat, wie sich das Leben entwickelt. Es fasziniert mich seitdem immer wieder, wie sich die eigene Wahrnehmung und das persönliche Erleben verändern, wenn sich die eigene Gedankenwelt ändert. Schon mit einem Perspektivenwechsel kann die Welt eine andere sein.

Meine Story

Eine meiner prägendsten Erfahrungen im beruflichen Kontext möchte ich dir gern erzählen und dir berichten, wie ich mich einer meiner größten Ängste stellte. Es passierte in einem Verhandlungsgespräch: Vor ein paar

Jahren war ich im Key-Account-Management eines großen Konzerns tätig und hatte dort eine Umsatzverantwortung von über zweiundvierzig Millionen Euro pro Jahr. Ich kann mich noch genau erinnern, es fühlen, nachempfinden. Es gab damals einen sehr fordernden Kunden. Er hatte im gesamten Unternehmen schon über lange Jahre den Ruf eines sehr schwierigen Kunden. Dieser Mensch war sehr misstrauisch, drohte häufig mit Gerichtsverhandlungen und war oft in massiv schlechter Stimmung. Aufgrund seiner beruflichen Historie war er zudem ein bekannter und einflussreicher Mann in der Medienwelt. Also niemand, mit dem man es sich verscherzen wollte, auch wenn er schwierig war. Ausgerechnet dieser Kunde befand sich in meinem Verantwortungsbereich. Viele meiner damaligen Kollegen kannten ihn und warnten mich davor, dass er extrem schwierig sei. Das machte es für mich nicht leichter: Dieser Einfluss, diese Energie von außen! Ich spürte den Druck, ein unangenehmes Gefühl in der Hals- und Magengegend, als ich bei verschiedensten Gelegenheiten wenig erfreuliche Geschichten über ihn hörte. Am Anfang wusste ich überhaupt nicht, wie ich mit diesem Kunden klarkommen sollte. Ich konnte als Ansprechpartnerin auch nicht frei agieren, da ich auf Dinge wie den Preisrahmen und die Lieferqualität keinen Einfluss hatte. Die waren mir vorgegeben.

Für mich war damals schon klar: Ich möchte Freude in meinem Job erleben. Als überzeugte Optimistin wollte ich lösungsorientiert arbeiten. Es war meine aufrichtige Absicht, dass sich die Geschäftsbeziehung normalisieren und in eine positive Kundenbeziehung mit neuem Umsatzwachstum wandelt. Zwischen Status quo und meinem Wunschzustand lagen damals Welten: Wo fängst du hier nur an, dachte ich?

Vielleicht lag es an meinem Vorwissen. Vor der Konzerntätigkeit hatte ich eine systemische Coaching-Ausbildung gemacht. Ich hatte nicht wenige Bücher gelesen und so manches wertvolle Gespräch geführt, sodass ich den richtigen Zugang für mich entdeckte. Ich fing bei meiner Haltung an, bei meiner Einstellung, bei dem Wie! Konkret: Wie begegne ich dem Menschen und wie begegne ich der Situation?

Ich machte mir also zunächst bewusst, wie wichtig es ist, dass ...
... ich dem Kunden auf Augenhöhe begegne.
... der Respekt spürbar ist.
... ich den Menschen annehmen kann, wie er ist.
... ich ihm volles Verständnis entgegenbringe.
... ich ihm auf diese Weise Wertschätzung zeige.

Und dies aufrichtig! Wenn es nicht aus dem Herzen kommt, sondern als gelernte Verkaufstechnik wahrgenommen wird, wird es beim Gegenüber nie ehrlich ankommen.

Im nächsten Schritt tauschte ich ein Wort aus. »Herr Kunde ist schwierig« ersetzte ich durch »Herr Kunde ist anspruchsvoll«. Es fühlte sich für mich sofort anders an; ich spürte mehr Kraft, etwas Positives bewirken zu können.

Dann wandte ich eine mentale Übung an: So stellte ich mir geistig vor, dass wir uns auf Augenhöhe begegnen. Ich verankerte dieses Gefühl des Respekts, der gegenseitigen Anerkennung, der Wertschätzung und stellte mir den positiven Ausgang des ersten Gesprächs vor. Ich nutzte meine innere Kraft und war aufgeladen mit positiven Gefühlen wie Freude, Leichtigkeit und Ruhe. Mein Zustand war nicht mehr angespannt, sondern angenehm.

Die Botschaft für dich ist: Wenn ich das kann, kannst du das auch.

Es war ein bedeutender Schritt, meine eigene Haltung zu überprüfen. Dieser erste Schritt war dann die Basis für eine vertrauensvolle Kundenbeziehung mit starkem Umsatzwachstum. Doch das mehr an Umsatz war nur die Folge meines inneren Handelns. Meine Haltung, mein Wie, war wichtiger als mein Was und Wofür.

Die drei wichtigsten Learnings für mich – und für dich. Aus dieser Geschichte habe ich diese drei Ebenen verinnerlicht:

1. Proaktiv bin ich, wenn ich eine bewusste Haltung einnehme. Meine Einstellung, mein Wie, ist maßgeblich. Konkret: Wie begegne ich dem anspruchsvollen Kunden? Mit der Klarheit, wer ich bin, was mir wichtig ist, was ich erreichen möchte und indem ich spüre, was für mich stimmig ist.
2. Reaktiv ist es, wenn ich nicht die Wahl treffe, Formulierungen für mich zu wählen, die bewirken, dass ich mich besser fühle. Dass ich proaktiv meine Worte und damit mein Denken und Fühlen ändern kann, ist eine großartige Sache. Ist der Kunde schwierig oder anspruchsvoll?
3. Ich kann Situationen, vor denen ich zuvor Angst hatte, mit mentaler Stärke, mit gefühlten Visualisierungen und mit Vertrauen in eigene Stärken begegnen.

Was passiert, wenn du nicht proaktiv bist und keine Verantwortung für deine Haltungen übernimmst?

Dann gibst du sehr viel Macht ab und bist nicht in deiner Kraft. Das ist schmerzhaft. Du wirst dann wahrscheinlich auch mit wiederkehrenden Situationen konfrontiert sein. Du siehst keinen Ausweg und empfindest ein Opfergefühl, das dich ausbremst, dich nicht aktiv vorwärtskommen lässt. Du bist abgelenkt, dein Fokus ist nicht klar, weil die Energie abfließt. In tausend Richtungen. Es ist wie eine Flucht, ein Davonlaufen. Oder schlimmer noch, ein Angriff oder eine Lähmung. Passiv in seinen Haltungen zu sein, tut nicht gut und macht das Leben schwer.

Wie kannst du nun deine Proaktivität erneut entdecken, erkennen und nutzen?

Du kannst dich darin trainieren, proaktiv in scheinbar schwierigen Situationen zu sein und entsprechend zu agieren. Deine Proaktivität besteht nicht aus hektischem Machen, sondern darin, bewusst mit dir und deinen inneren Zuständen zu arbeiten. Auch ein Nichtstun ist aktives Tun, wenn es der inneren Klarheit dient. Du kannst dir selbst den Raum geben, dir den Raum schaffen. Für dich. Für andere. Und plötzlich ist das Leben ganz einfach. In dem Moment annehmen, was gerade ist. Den Verstand beobachten. Gern kommt die Stimme des Verstandes hoch. Diese möchte gesehen und gehört werden. Lass es die Stimme des Verstandes sein. Beobachte sie. Spürst du die Ruhe? Die Stille, die einkehrt? Es darf sein. Das, was ist. Atme tief ein, halte kurz den Atem an, atme noch tiefer aus. Zentriere dich, erde dich. Spüre deine Sitzhöcker. Sei verwurzelt, stabil und sicher. Spüre die Erleichterung. Einen Seufzer. Ein Loslassen. Wie wunderbar. Es entsteht Neues. Kreativer Raum. Offenheit für alles, was kommt. In vollem Vertrauen. Gib dich dem Leben hin. Du bist stark und lebendig.

Du bist weiterhin verbunden mit allem, was ist. Das ist Energie. Energie, die du ausstrahlst. Menschen im Umfeld reagieren auf dich. Du hast so eine positive Energie, es ist herzerfrischend, du hast eine sehr positive Ausstrahlung. Alles entsteht in dir drin, aus dir selbst. Das ist die wahre Kraft. Du bist der Meister. Du agierst, du reagierst immer bewusst. Du hast immer die Wahl. Du entscheidest. Du bist frei. Jetzt und immer.

Möchtest du zum Beispiel erfolgreich in einer Kundengewinnung unterwegs sein? Dann bedarf es des Agierens, eines aktiven Überprüfens dessen, was du über Verkaufen denkst.

- Wie ist deine Haltung zum Verkaufen? Sei ehrlich zu dir selbst.
  Was kommt dir in den Sinn? Schreibe es auf.
- Hast du eine positive Haltung zum Verkaufen?
- Schaffe dir diese. Verkaufen ist für mich positiv, weil ...

Du sagst dir vielleicht, dass ist leichter gesagt als getan. Das können andere, aber nicht ich. Wie wäre es dann mit den folgenden Inspirationen. Sie zeigen dir, welche Bedeutungen du dem Verkaufen geben kannst, um eine positive Haltung zu erzeugen:

- Verkaufen fühlt sich wunderbar an.
- Es erfüllt mich mit Freude und Leichtigkeit.

- Ich kann viel Gutes bewirken.
- Meine Fähigkeiten und Talente sind gefragt und gebraucht.
- Einzigartige Produkte und Services habe ich kreiert – mit hohem Mehrwert für meine Kunden.
- Meine Kunden erfahren sehr viel Erfolg.
- Menschen kann ich mit meinem Service begleiten.
- Probleme meiner Kunden kann ich lösen und sie begeistern.
- Gute Geschäfte entstehen durch Win-win-Situationen.

Wie kannst du einen tieferen und proaktiven Zugang zu dir finden?
In einer hohen Energie zu sein, ist Übungssache. Mit anderen Worten: Eine positive Ausstrahlung zu haben, diese positive Ausstrahlung zu sein, ist Übungssache und kein Talent. Im Aufbau meiner Selbstständigkeit, musste ich viele meiner Komfortzonen sprengen, dabei erkannte ich: Es ist essenziell, dass ich mir eine positive Energie erschaffe. Zu Beginn einer Geschäftstätigkeit bekommst du meist mehr Absagen als Aufträge. Das hat viele Gründe. Uns interessiert hier, wie kannst du mit Ablehnung, mit vielen Absagen langfristig umgehen? Wie kannst du dich frei machen von den Reaktionen anderer? Das ist die Kunst. Wer bist du, wenn dir niemand zusieht? Ich genieße und schätze die positive Resonanz in den sozialen Medien wie LinkedIn sehr, und gleichzeitig ist es essenziell, sich von dieser externen Zustimmung frei zu machen. Dazu ist es wichtig, ganz du selbst zu sein (mehr dazu in Kapitel 5). Was hat mir hier konkret geholfen? Zwei kraftvolle Wörter. Sie klingen banal, sind es allerdings nicht. Und sie stärken mich enorm: **Ich bin.**

Lässt du dich auf eine Übung zur Vertiefung ein? Bringe dich in eine angenehme Liege- oder Sitzposition. Beobachte deinen Atem. Atme tief ein. Halte den Atem kurz an. Atme tiefer aus. Sage innerlich: »Ich bin.« Beobachte deinen Körper. Sprich es aus: »Ich bin.« Lege deine Hände auf dein Herz. Spürst du dich selbst? Übe und übe, täglich. In der Früh und am Abend. Dreißig Tage lang. Es wird sich etwas verändern. Erkennst du Nuancen der Veränderung deiner Wahrnehmung? Halte sie schriftlich fest. Entdecke so deine Kraft, deine wahre Kraft.

Was bist du schon alles? In diesem Moment? Ich bin. Ich bin reich. Ich bin gesund. Ich bin liebenswert. Ich bin erfolgreich. Ich bin kraftvoll. Ich bin Urvertrauen. Ich bin Liebe. Ich bin Freiheit. Ich bin stark. Ich bin empathisch. Ich bin sensibel. Ich bin kreativ. Ich bin verbunden. Ich bin Stabilität. Ich bin Sicherheit. Ich bin Frieden. Ich bin verankert. Ich bin.

Sprich es laut aus. Nimm es auf. Höre es an. Täglich. Agiere selbst – das Umfeld reagiert auf deine Energie, auf deine Schwingung. Was du aussendest, kommt zu dir zurück. Erkenne das Gefühl hinter all dem, was du erreichen willst. Ist es Sicherheit, ist es Anerkennung? Was verbirgt sich hinter dem Statusgedanken? Was ist es wirklich? Erkenne, entdecke. Jetzt.

Lade dich mit den Gedanken auf, die du fühlen möchtest. Tauche in die bereits erfüllte Zielerreichung ein. Nimm dein Ziel geistig in Besitz. Es ist vollbracht. Glaube. Feiere das Gefühl. Kreiere dir in deiner Vorstellung diese positive Erfahrung. Mehr und mehr. Tiefer und tiefer. Spürbarer und spürbarer. Lasse dich darauf ein. Mache eine Pause. Gönne es dir.

Alles entsteht in dir selbst – die wunderbare Beziehung zu dir selbst. Alles entsteht in dir selbst – das ist Verantwortung, Eigenverantwortung. Die wahre innere Kraft liegt darin, gut zu dir selbst zu sein, eine wunderbare Beziehung zu dir selbst zu haben. Du selbst zu sein (mehr dazu in Kapitel 5).

Kennst du diese Stimmen?

- Du bist nicht gut genug.
- Du musst alles perfekt machen.
- Du musst es allen recht machen.
- Du musst schneller sein.

Dann lasse diese Stimmen sein, aber du selbst bestimmst und übernimmst das Kommando. Als wenn du im Auto sitzt. Im Auto sind deine Kinder, und jedes will etwas anderes. Schnalle sie liebevoll an. Behalte den Fokus. Du bestimmst die Richtung. Meditation kann sehr helfen, diese inneren kritischen Stimmen im Zaum zu halten. Tägliche Meditation. Am Anfang scheint es, nicht so einfach zu sein, allerdings ist es eine Übungssache, und es wird mit der Zeit immer leichter. Die eigenen Gedanken zu beobachten und wahrzunehmen, das Identifizieren mit den Gedanken loszulassen. Denn negative Gedanken erzeugen sicher keine positiven Gefühle. Auch kurz vor einem Termin noch einmal kurz in sich zu gehen und sich auf ein paar Atemzüge zu konzentrieren, schenkt innere Stärke und Ruhe.

Jeder Mensch ist unterschiedlich, ist anders. Das ist wunderbar und großartig. Das macht dich einzigartig, nicht vergleichbar. Wo sind deine Kraftquellen? Deine Ressourcen? Es muss nicht Meditation sein. Ist es ein Spaziergang in der Natur oder etwas anderes?

Die fünf wichtigsten Erkenntnisse aus Kapitel 1

1 Du triffst die Entscheidung und bestimmst, wie du über Situationen denkst und welche Bedeutung du den Gedanken gibst. Du hast die freie Wahl. Immer. Du wählst, ob du agierst oder bewusst reagierst. Proaktive Menschen entscheiden über ihr Leben und ihr Glück und machen den ersten Schritt, um etwas zu erreichen. Sie sind damit erfolgreicher. Oder bist du reaktiv? Handelst nicht bewusst, gibst Macht ab über deine Stimmungslage? Wählst du die Proaktivität, dann bleibst du bei dir, gibst dir den Raum, frei zu entscheiden, wie du darüber denkst oder agierst.

2 Du bist es dir wert. Du bist du. Du erschaffst dir deine Welt, in deiner Wahrnehmung und deinem Erleben.

3 Entscheide dich stets für eine freudvolle, wertschätzende und liebevolle Haltung dir selbst gegenüber – sie überträgt sich auf andere Menschen.

4 Finde heraus, was dich stärkt, um in deiner Energie zu sein. Für den einen ist es Meditation, für den anderen ein Spaziergang. Du selbst erkennst deine Kraftquellen am besten.

5 Du kannst mit Menschen proaktiv ins Gespräch gehen, um miteinander Lösungen zu erschaffen und Ziele zu erreichen.

Im nächsten Kapitel lernst du, proaktiv den Einflussbereich zu erkennen und zu nutzen. Danke, dass du weiterliest. Großartig, dass du dich auf diese Reflexionsfragen für dein Tun und Wirken einlässt!

Tun und wirken – deine Reflexion zu Kapitel 1

Nun zu dir. Dir selbst Fragen zu stellen, gibt dir alle Antworten, die du brauchst. Die Haltung, wertschätzend und respektvoll zu dir selbst zu sein, kannst du immer einnehmen.

In welcher Beziehung bist du mit dir selbst? Wie schenkst du dir Respekt, Anerkennung und Wertschätzung? Wie denkst du über dich?

Was stärkt deine positive Beziehung zu dir selbst? Welche Worte wählst du proaktiv, die dafür sorgen, dass du dich gut fühlst?

Bist du, was du sprichst? Verstärke, vertiefe und verinnerliche. Ich bin ...

2. Erkenne deinen Einflussbereich

von Susan Omondi

Jetzt gerade, beim Schreiben dieser Zeilen, scheint die Sonne. Herrlich. Was ist aber morgen oder in ein paar Stunden? Ich kann den Wetterbericht anhören und die Vorhersagen studieren. Ändert sich dadurch aber das Wetter? Nein. Ich kann natürlich vorsorgen. Wenn es regnet, kann ich den Regenschirm oder einen Regenmantel mit Kapuze nehmen. Ich erkenne in meinem Rahmen meinen möglichen Einflussbereich. Ich respektiere die Natur, wie sie ist. Ich passe mich den Gegebenheiten an und bleibe bei mir. Dann gibt es eine Situation im Außen, die mir weniger gefällt, welche noch zufriedenstellender sein darf. So blicke ich auf das Ganze und nehme den Adlerblick ein. Ich fühle mich in die anderen Menschen mit der Absicht ein, zu verstehen. Wie ich mich fühle, wie ich auf diese Situation reagiere, denn das kann ich beeinflussen.

In seinem Buch »The 7 habits of highly effective people« betont Stephen R. Covey, dass sich proaktive Menschen (siehe auch Kapitel 1) auf ihren Einflussbereich konzentrieren. Dadurch wird ihr Einflussbereich noch größer. Reaktive Menschen hingegen konzentrieren sich auf ihren Interessenbereich. Doch was ist Einflussbereich und was ist Interessenbereich?

> In diesem Buch haben wir uns auf folgende Definition des Einflussbereiches geeinigt: **Bei dem Einflussbereich handelt es sich um Themenfelder, auf die ich direkt oder indirekt einwirken kann.**
> (www.wortbedeutung.info/Einflussbereich)

Diese Bereiche haben wiederum eine direkte Auswirkung auf mich, wenn ich mich nicht darum kümmere (Covey 2004: 81–88).

Es geht um ...
... Themen und Herausforderungen, die ich meistern kann, indem ich mich selbst infrage stelle und meine Gewohnheiten ändere. Auf sie kann ich direkt Einfluss nehmen.
... Themen und Herausforderungen, die ich meistern kann, indem ich an meiner Art, Menschen zu begegnen, etwas ändere. Auf sie kann ich indirekt Einfluss nehmen.

Was ist dagegen ein Interessenbereich?

> Im Verständnis dieses Buches einigen wir uns auf diese Definition: **Ein Interessenbereich ist ein Themenfeld, auf das ich nicht wirken kann, beispielsweise unsere Vergangenheit oder bestimmte Geschehnisse in meinem Umfeld oder Situationen im Alltag.** (Covey 2004: 81–88)

Es handelt sich überwiegend um Einflüsse oder Veränderungen von außen, die wir zwar nicht direkt ändern oder beeinflussen können, jedoch dürfen wir unsere Reaktionen darauf bewusst wählen. Die folgende Tabelle gibt Beispiele, wie ich mit Themen und Herausforderungen umgehen kann:

Ich kann direkt Einfluss nehmen auf ...	**Ich kann indirekt Einfluss nehmen ...**	**Themen, die ich nicht kontrollieren kann ...**
meine Gesundheit.	auf den Umgang mit meinen Kollegen.	Wetter
meine Ressourcen: Zeit, Finanzen, Wissen et cetera.	auf Methoden, die ich nutze, um andere zu erreichen.	Pandemie
meine Berufswahl.	darauf, wie die anderen zu mir sind.	Stau
meine Emotionen, meine Antworten und Reaktionen.	auf den Umgang mit meinen Mitarbeitenden.	Entscheidungen von anderen Menschen
meine Gedanken, meine Worte, meine Gewohnheiten.	auf den Umgang mit meiner Familie.	Inflation

Stephen R. Covey wählt den Kreis, um den Umfang von Themen, die wir beeinflussen können, darzustellen. So lassen sich der Unterschied und das Verhältnis zum Interessenbereich deutlich aufzeigen. Das, was ich selbst beeinflussen kann, ist wesentlich kleiner (beispielsweise mein berufliches Umfeld, meine Gesundheit, das Schreiben dieses Buches) als das, was mich lediglich interessiert (beispielsweise eine Demonstration in Köln, die Nachrichten, das Wetter). Mit diesem Diagramm von Stephen R. Covey (2004) wird für mich persönlich klar, dass es eine große Zeitverschwendung ist, mich im Interessenbereich zu bewegen, wenn ich nicht einmal unmittelbare Probleme in meinem Umfeld löse, für die ich Verantwortung trage.

Beispiel: Wenn ich meinen Arbeitsplatz in Deutschland nicht einmal aufräumen kann und deshalb eine Stolpergefahr für mich und für meine Kollegen besteht – wie würde es bei dir ankommen, wenn ich mich nur über das Eisschmelzen in der Antarktis beschwere? Es darf und sollte dich interessieren. Ja. Es ist dir nicht egal; jedoch ist darauf zu achten, wo du deine Prioritäten setzt.

Ein anderes Beispiel: Wenn ich, anstatt einen neuen Job zu suchen, den ich dringend brauche, mich nur über die Politik beschwere – wie würde das bei dir ankommen? Das, was uns lediglich interessiert, ist geografisch und themenbezogen umfangreicher als das, was wir direkt beeinflussen können. Wenn ich jedoch meine Zeit und Energie in Dinge investiere, die mich direkt betreffen und die ich gleichzeitig gestalten kann, dann wächst mein Einflussbereich (siehe auch Kapitel 3).

In diesem Kapitel geht es darum, diesen Einflussbereich zu erkennen.

Ein Gespräch mit dem Chef, das Klarheit brachte

Hier ist eine Geschichte, die ich (Susan), erlebt habe, die unser Thema noch anschaulicher macht.

Wenn du bereits in der Schweiz berufliche Erfahrung gesammelt hast, weißt du, dass es in vielen Unternehmen Kaderstufen gibt. Der Ausdruck »Kader« bedeutet Führungskräfte. Als ich zu einem meiner früheren Arbeitgeber kam, war mir nicht klar, welche Voraussetzungen zu erfüllen sind, um eine höhere Kaderstufe zu erreichen. Ich war einfach froh über einen guten Job. Meine eigene Weiterentwicklung und die positive Entwicklung meiner Abteilung waren nicht zu übersehen. So wurde ich nach zwei Jahren höher eingestuft. Dies nahm ich dankbar an, hatte jedoch versäumt, nach den Kriterien für eine weitere Beförderung zu fragen. Ich nahm an, dass mein Chef wusste, was er an mir hatte. Er würde sich schon für mich einsetzen.

Irgendwann wurde eine von mir sehr geschätzte Kollegin eingestellt. Wir hatten viel Spaß und Freude bei der Arbeit. Wir waren füreinander da und halfen einander – unsere Themen hatten viele Berührungspunkte. Wir redeten weder über das Gehalt noch über die Kadereinstufung. Was dann kam, war eine Folge meiner Naivität. Sie wurde zu einem Meeting eingeladen, das nur für eine bestimmte Kaderstufe vorgesehen war. An diesem besagten Tag war sie im Büro abwesend, so war es nur logisch, dass sie höher eingestuft worden war als ich. Ich nahm dies wahr – und war gekränkt. Für mich stand der Kaderbonus nicht im Fokus, aber die Wertschätzung und die Anerkennung meines Chefs.

Ich hatte genügend Raum und Zeit, um zu spekulieren, zu interpretieren – wie es so ist, wenn ich etwas persönlich nehme und noch keine Fakten habe.

Solche Gedanken waren in meinem Kopf:

- Warum wird meine Kollegin bevorzugt? Liegt es an meiner Herkunft?
- Meine Themen und meine Leistungen bringen die Firma genauso weiter wie ihre, wenn nicht sogar viel weiter.
- Sie werden mich und meine Leistung hier nie anerkennen.
- Das kann nicht sein, das ist unfair.

Du erkennst bereits beim Lesen, dass ich durch diese negativen Gedanken nicht fähig war, ein klärendes Gespräch zu suchen. Ich hatte bereits genügend Gründe dafür gesammelt, warum mein Chef mich wohl nicht höher eingestuft hatte. Die Folge: Ich fühlte mich unfair behandelt, leistete wenig Sinnvolles in diesen zwei Tagen und schlief kaum.

Ich erinnerte mich dann am dritten Tag an die Schulung zu den »7 Wege[n] der Effektivität«, an der ich einmal teilgenommen hatte. Obwohl ich diese bereits verinnerlicht hatte – zumindest dachte ich das –, hatte ich mich selbst so sehr in die Opferecke gedrängt, dass ich zu diesem Zeitpunkt nichts mehr bewegen konnte. An diesem Tag sagte ich mir: »Nun möchte ich Klarheit.«

Ich suchte das Gespräch mit meinem Chef. Ich schätzte ihn, denn er war zuvor immer, wenn ich ein Anliegen hatte, für mich da gewesen. Ich erklärte die Situation und wusste, dass das Vergleichen nie zielführend ist. In diesem Fall – wir waren ein kleines Team – habe ich klar und direkt gesagt, worum es mir ging, und merkte an: »Ich habe diese Kaderstufe verdient.«

Was dann kam, war für mich zu leicht, um wahr zu sein. Er sagte: »Ja, du hast recht. Ich werde dies der Personalabteilung mitteilen.« »Ja, du hast recht« war seine Antwort und ich hatte mit einem schweren Gespräch und einem langen Argumentationsaustausch gerechnet. Wie du siehst, hatte ich die Situation anders interpretiert, als sie wirklich war. Ich traf meine Annahmen, hatte meine Vorurteile.

Für mich war diese Erfahrung eine große Lektion für die Zukunft. Ich hätte mir viele schlaflose Nächte ersparen können. Vor allem erkannte ich, dass ich mehr beeinflussen kann, als zuvor gedacht (siehe Kapitel 3). Ich realisierte: Wenn ich selbst klar bin, schaffe ich auch Klarheit in herausfordernden Situationen.

Die drei wichtigsten Learnings aus meiner Story

1. Dass ich meinen Einflussbereich unterschätzt habe. Ich darf ihn immer wieder neu entdecken.

2. Dass ich Einfluss auf meine Ressourcen habe. In diesem Fall konnte ich den Dialog suchen – mit meinem fairen Chef.

3. Dass ich Einfluss auf meine Emotionen habe – vor allem dann, wenn es darum geht, meine Reaktion auf eine Situation, die ich selbst nicht hervorgerufen habe, bewusst zu wählen.

Was passiert, wenn du deinen Einflussbereich nicht bewusst erkennst?
Du bist nicht fähig, Lösungen zu finden. Während proaktive Menschen Möglichkeiten in Situationen erkennen, beschweren sich reaktive Menschen oder sie geben anderen die Schuld an ihrer Situation.

In den zwei Tagen meines Selbstmitleids waren meine Kollegin, mein Umfeld und mein Chef, alle, schuld an meiner Situation. Ich Arme hatte gar keine Chance gegen dieses Imperium, das sich gegen mich verschworen hatte. Noch schlimmer wäre nur noch gewesen, wenn ich gleichdenkende

Menschen gefunden hätte, mit denen ich darüber in der Küche gesprochen hätte. Wenn zwei Menschen, die Schuldige suchen, sich gegenseitig stärken, entsteht eine sehr toxische Energie.

Du kennst bestimmt solche Situation und Aussagen wie:

- »Wenn mein Chef mich nur machen ließe ...«
- »Wenn das Wetter nur sonniger wäre ...«
- »Wenn die Politiker uns nicht spalten würden ...«
- »Wenn meine Mitarbeitenden nicht so faul wären ...«
- »Wenn meine Kollegen mich respektieren würden ...«

Du merkst schon, welche Folgen solche Aussagen haben. Sie geben anderen die Macht über uns, unsere inneren Zustände und unsere Emotionen.

Ein schneller Tipp: Frage immer »Und jetzt, wie komme ich wieder dort heraus?«, wenn du dich in einer ähnlichen Situation gefangen fühlst.

Ich erinnere mich an verschiedene Situationen, als ich ein herausforderndes Projekt leitete und viele Projektmitarbeitende damit beschäftigt waren, sich zu beschweren. Ich hörte zu, denn es ist wichtig, zu verstehen, warum Menschen so handeln, wie sie handeln. Ich fragte stets: »Okay, ich habe verstanden: Wie kommen wir nun heraus?« Dadurch habe ich die Verantwortung zurückgegeben, sodass die Mitarbeitenden selbst eine Lösung finden konnten.

Jahre später sagte mir ein Projektverantwortlicher, dass das gesamte Team genau solche Fragen sehr geschätzt hatte. Es geht darum, nicht die Opferrolle zu stärken, sondern Menschen zur Eigenverantwortung zu führen. Sicherlich läuft nicht immer alles ideal ab, die Frage ist jedoch: Für wie lange bist du dort gefühlt gefangen? Wenn du dich auf deinen Einflussbereich konzentrierst, kannst du mit kleinen Maßnahmen dein Umfeld so erschaffen, wie du es gern hast. Denn jeder von uns hat viel zu bieten und kann mit verfügbaren Ressourcen auch eine Menge beeinflussen. In deinem

Einflussbereich übernimmst du Eigenverantwortung. Du übernimmst auch Verantwortung für die Folgen deiner Entscheidungen. Im Interessenbereich gibst du diese Verantwortung ab, und damit bist du ein Stück weiter weg von deinem Erfolg.

Erkenne deinen Einflussbereich oder entdecke ihn neu. Egal wie klein er dir zunächst scheint – du wirst dennoch überrascht sein, wie sehr er sich erweitern lässt.

Wie können wir nun unseren Einflussbereich neu entdecken, erkennen und nutzen? Schauen wir uns die folgenden drei Ebenen genauer an:

Ebene 1: Deinen Einflussbereich erkennen

»Nutze, was du hast, um dein Ziel zu erreichen.«
So lautet die Maxime erfolgreicher Menschen, die nicht auf perfekte Werkzeuge warten, um etwas zu bewegen.

Schreibe dir auf, was du generell beeinflussen kannst. Dies sind neben deiner Gesundheit auch deine Weiterbildung, deine Informationsquellen, deine Projekte und natürlich auch, dass du dir Hilfe holst, wenn du allein nicht weiterkommst. Jeden Tag mit diesen bewussten Gedanken aufzustehen, eröffnet dir viele Möglichkeiten. Mit Gedanken, die lösungsorientiert sind.

Bei konkreten Herausforderungen oder Situationen: Nimm dir Zeit. Schaue dir auch die Story von Alexandra (siehe Kapitel 1) an und frage dich:

1. Was kann ich aktuell direkt beeinflussen?

Denke an eine aktuelle berufliche Situation, die dich emotional triggert oder dich aufregt. Gibt es irgendwo Unklarheiten im Umgang mit Kollegen oder in dir selbst? Achte auf deine Worte, auch und besonders wenn du mit dir in einem inneren Dialog bist. Sage nicht »Ich werde versuchen«, sondern »Ich mache es«.

2. Wo brauche ich Hilfe oder was kann ich indirekt beeinflussen?
Dir einzugestehen, dass du Hilfe brauchst, ist eine Stärke und eindeutig in deinem Einflussbereich. Keiner kann alles, und das ist gut so. Manchmal genügt es, mit einem konstruktiv denkenden Menschen über deine Situation zu sprechen, um andere Möglichkeiten in Betracht zu ziehen. Achte darauf, dass diese Gespräche lösungsorientiert verlaufen, das heißt, dass das Ziel im Fokus behalten wird. Ein Beispiel könnte sein: Schlecht über andere zu reden, die vielleicht schuld an deiner Situation zu sein scheinen, lenkt dich nur ab – und zwar negativ.

3. Worüber habe ich keine Kontrolle?
Bei diesen Themen gilt es, zu lernen, mit Situationen umzugehen. Auch diese Erkenntnis ist mächtig. Als Beispiel dient hier: »Ich habe zwar keinen Einfluss auf die schlechten Nachrichten im Fernsehen. Ich erkenne jedoch, dass Fernsehen mir nicht guttut, und gehe lieber hinaus an die frische Luft, statt fernzusehen.« Siehe da – und schon bist du wieder in deinem Einflussbereich und tust dabei etwas für deine Gesundheit.

Je genauer du deinen Einflussbereich für dich herauskristallisierst, desto besser. Über Themen zu klagen, auf die du keinen Einfluss hast, schmälert deinen Einflussbereich. Je mehr du dich auf deinen Einflussbereich konzentrierst, desto größer wird er.

Ein weiterer Aspekt des Einflussbereiches und der Eigenverantwortung ist es, aufrichtig zu erkennen, wenn du einen Fehler gemacht hast. Ich erlebe es auch bei mir, wenn ich mir selbst gegenüber etwas nicht eingestehen oder auch ein Problem nicht wahrhaben möchte. Dann finde ich keine Lösung. Ich bin blockiert. Dadurch wird mein Einflussbereich kleiner. Die Energie wird verwendet, um etwas zu verdrängen. Was für eine Verschwendung!

Proaktive Menschen erkennen und wissen, auch ihre Fehler zu schätzen, korrigieren diese und lernen daraus. Fehler zu machen ist eine Stärke, weil du etwas gewagt hast. Fehler anzuerkennen und daraus zu lernen, bringt dich auf eine weitere Stufe der Macht über dich selbst. Eigene Fehler zu vertuschen, sich selbst zu belügen, führt dich zur Selbstlüge. Eine spannende und erfreuliche Nebenwirkung, wenn du zu deinen Fehlern stehst, ist, dass du dadurch niemandem Schuld an deiner Situation gibst.

Ebene 2: Einfluss auf deine eigenen Ressourcen – entdecke sie neu

Ein wichtiger Aspekt des Einflussbereichs sind die eigenen Ressourcen. Im Schuldzuweisungsmodus blenden wir unsere Ressourcen aus. Mit Ressourcen meine ich etwas, das notwendig und vorzugsweise bereits vorhanden ist, um ein Ziel zu erreichen. Beispiele können sein: deine Zeit oder deine Persönlichkeit, dein Wissen, deine Kenntnisse, Fertigkeiten, Haltungen, Talente, Beziehungen oder dein Netzwerk. Ressourcen sind weiterhin beispielsweise die Infrastruktur (wie Büro, Kameras, Internet), dein Netzwerk, deine Finanzen, Lernvideos, die dir als Potenzial zur Verfügung stehen, um deine Ziele zu erreichen.

Häufig liegen diese Ressourcen brach. Wenn du in der Opferrolle bist, bist du sogar zu blind, um zu erkennen, was du bereits hast.

Jeder Mensch hat eine Stärke, die ihn ausmacht. Im Berufsleben erlebe ich oft, dass die Stärken, die uns weiterbringen, nicht die sind, die im Lebenslauf stehen, zum Beispiel der Umgang mit Veränderungen oder ein Talent zum und Freude am Netzwerken. In Projektreviews wirst du das auch bereits oft genug beobachtet haben. Wenn ein Team sich rückblickend fragt: »Was war nun ausschlaggebend für unseren Erfolg?«, dann war es meist die Art des Teams, Herausforderungen anzugehen. Natürlich sind auch scheinbare Kleinigkeiten wie gemeinsames Pizzaessen wichtig, doch entscheidender sind fast immer Proaktivität und gelebte Eigenverantwortung.

Auf deine Ressourcen hast du Einfluss. Finde sie heraus, entdecke sie neu. In meinem Beispiel kann ich rückblickend sagen, dass das Dialogsuchen immer meine Stärke war. Wenn mich etwas wirklich stört und ich nicht die

Absicht habe, ein Team oder ein Unternehmen zu verlassen, dann suche ich den Dialog.

Vielleicht hast du selbst eine dieser Stärken:

- Mut, etwas zu tun, ohne um Erlaubnis zu fragen;
- ein Gespür dafür, zu erkennen, wer bei dir im Netzwerk etwas kann, und die Bereitschaft, um Hilfe zu bitten;
- Weiterbildungen, die dich in deinem Berufsleben voranbringen;
- deine Zeit, die du anders nutzen kannst;
- dein Talent, das bisher verborgen ist;
- deine Energie, die in Events spürbar ist;
- das Internet, das du bisher nur verwendest, um zu konsumieren, statt selbst etwas zu erschaffen;
- Nein sagen.

Ebene 3: Einfluss auf deine Emotionen – warum er entscheidend ist

Dich selbst zu kennen heißt auch, genau zu wissen, was dich glücklich oder traurig macht, was dich bewegt oder kaltlässt, was dich antreibt oder triggert, bei welchen Freundinnen oder Kollegen du merkst, dass positive Energie fließt, um nur einige Beispiele zu nennen.

Sich auf Emotionen einzulassen ist wichtig. Meine Mitautorin Alexandra geht in ihren Kapiteln stark auf die emotionale Ebene ein. Um in unserem Einflussbereich zu bleiben, hilft es uns, eigene Emotionen zu erkennen und zu lernen, mit ihnen umzugehen. Es ist es wichtig, zu wissen, wie du deine Emotionen einsetzen kannst, um ein Ziel zu erreichen.

Wütend zu sein auf eine Situation, die du ändern kannst, ist legitim und hilft dir, Lösungen zu finden. Emotionen sind nicht deine Feinde, Emotionen sind Signale des Unbewussten. Sie haben immer auch eine positive Absicht und wollen dir etwas sagen. Nimm das als Chance, damit du endlich darauf kommst, etwas zu ändern, damit du deine Wut in etwas Konstruktives umwandelst. Verbittert zu sein, verbunden mit Selbstmitleid, erzeugt genau das Gegenteil.

Launisch auf Regenwetter zu reagieren, bringt dich nicht weiter. Du wartest auf Sonne, bis es dir besser geht und du dich endlich bewegen kannst? Ich bin sicher, wenn du so denkst, dann findest du auch eine Ausrede bei sonnigem Wetter, um nicht spazieren zu gehen. Proaktive Menschen sind anders. Sie finden keine Ausrede, sie finden Lösungen in jeder Situation. Oder sie lassen los.

Zu erkennen, dass du über deine Emotionen bestimmen kannst, bringt dich auf eine weitere Stufe der Eigenverantwortung. Die Entscheidung, dass du für dein Glück zuständig bist, ist eine bewusste Entscheidung, die dir auch im Umgang mit anderen Menschen und Situationen sehr nützlich sein wird. Dabei ist nicht gemeint, dass du nicht schlecht gelaunt sein darfst. Wir alle trauern und lachen, das Leben bringt Höhen und Tiefen mit sich. Es ist dennoch ein Unterschied, ob du zutiefst berührt bist von bewegenden Filmen wie »Titanic« oder realen Storys und deshalb weinst oder ob du weinst, weil du das Gefühl hast, deine Chefin behandele dich schlecht. Jedes Gefühl hat seine Berechtigung und darf sein. Solltest du dich in dieser Situation befinden – hilflos zu sein, weil jemand dich schlecht behandelt –, dann finde den wahren Grund. Vielleicht hat sich eine Menge bei dir bis dahin angestaut. Es wird Zeit, dich damit auseinanderzusetzen. Wenn du erkennst, dass du selber keine Lösung findest und Hilfe brauchst, hole dir eine Begleitung oder einen Coach. Ein solches Vorgehen ist kein Ausdruck von Schwäche – im Gegenteil: Hilfe suchen und annehmen ist eine Stärke.

Sei dir der Macht der Emotionen auf dein Denken bewusst. Mit unkontrollierten, negativen Emotionen wirst du keine sachlichen Diskussionen führen. Setze dich deshalb mit deinen Emotionen auseinander. Das ist ein kraftvoller Anfang. Das ist gelebte Eigenverantwortung.

Du hast sicher bereits von der Handlungsempfehlung »Love it, change it or leave it« gehört. Hier geht es genau darum. Bewusst etwas oder eine Situation zu akzeptieren, zu ändern oder loszulassen, ist eine sehr eigenverantwortliche Entscheidung, die wieder neue Möglichkeiten eröffnet. Wenn dir etwas nicht passt, dann ändere es. Wenn eine Umgebung dir nicht passt, wenn dir die Zusammenarbeit mit einer Firma oder mit bestimmten Menschen missfallen, weil diese gegen deine Werte, gegen Dinge, die dir wichtig sind handeln, dann verlasse das Team oder das Unternehmen. Das bringt dir viel mehr, als jeden Tag darüber zu jammern. Du hast (fast immer) die Wahl.

Schaffe also Klarheit für dich im Umgang mit deinen Emotionen. Entscheide selbst, wie du auf Situationen reagierst. Im weiteren Verlauf des Buches wirst du weitere Wege kennenlernen, wie das gelingen kann. Das Reiz-Reaktions-Modell von Viktor Frankl (siehe Kapitel 3) ist zum Beispiel eine wunderbare Sache dazu.

Die fünf wichtigsten Erkenntnisse aus Kapitel 2

1. Den eigenen Einflussbereich zu erkennen hilft dir, Verantwortung für dich und dein Leben zu übernehmen.

2. Proaktive Menschen konzentrieren sich auf ihren Einflussbereich, reaktive Menschen auf den Interessenbereich.

3. Setze dich mit dir selbst auseinander. Das hilft dir, deinen Einflussbereich wieder neu zu entdecken und verantwortlich zu handeln.

4. Dir eigene Fehler einzugestehen hilft dir, wahre Lösungen zu finden, und stärkt dich in deiner Eigenverantwortung.

5. Triff Entscheidungen, stehe dazu und übernimm Verantwortung für die Folgen deiner Entscheidungen.

Mit diesem Kapitel hast du gelernt, wie du deine eigenen Ressourcen und Emotionen erkennst und nutzt. Schöpfe mit den neuen Erkenntnissen deine Potenziale voll aus – so erweiterst du deinen Einflussbereich. Wie das geht, das behandeln wir im nächsten Kapitel.

Tun und wirken – deine Reflexion zu Kapitel 2

Nun zu dir. Wir laden dich ein, bei der Beantwortung dieser Fragen aufrichtig zu sein. Schreibe deine Gedanken für dich selbst auf – es geht nicht um die anderen. Kennst du deine eigene Wahrheit und stehst du dazu? Das allein beflügelt. Genau dort findet die Eigenverantwortung einen guten Platz, um zu gedeihen.

Was sind bei dir und in deinem Umfeld (ob privat oder beruflich) Themen, die du beeinflussen kannst?

Was sind bei dir und in deinem Umfeld Themen, die du nicht kontrollieren kannst? Welche Reaktion hilft dir, dich neu zu programmieren?

Gibt es etwas, das dich immer wieder ärgert? Notiere es hier und überlege nun mit dem Gelernten, welche Ressourcen du nutzen darfst, um deine Situation zu ändern.

3. Erweitere deinen Einflussbereich – von innen nach außen

von Susan Omondi

Was haben die drei Persönlichkeiten Mahatma Gandhi, Nelson Mandela und Viktor Frankl gemeinsam? Alle drei wurden in ihrem Leben über lange Zeit ihres Freiraumes stark beraubt. Sie mussten physische und psychologische Einschränkungen erdulden – in einem massiven und unvorstellbaren Ausmaß. Es geschah, weil sie alle für Freiheit kämpften. Die Freiheit, für die wir heute dankbar sind. Alle drei lernten unter schwierigsten Umständen die Bedeutung der eigenen Entscheidungsfreiheit kennen. Sie bewahrten trotz unvorstellbarer Repressalien ihre Würde und waren nicht wackelig in ihrer Überzeugung, für das Richtige zu kämpfen. Sie hatten ihre Werte, sie hatten eine klare Mission, und sie praktizierten ihre Entscheidungsfreiheit auch unter Extrembedingungen. Ihre Werke und Erfahrungen kannst du heute online in unterschiedlichsten Quellen nachlesen, falls sie dir nicht bekannt sind.

Warum erzähle ich dir das? Weil diese Personen für mich ein klares Zeichen setzen. Alle drei waren nicht nur proaktiv und Visionäre, sie gingen durch die schlimmsten Herausforderungen in der menschlichen Geschichte. Wenn sogar diese drei Persönlichkeiten es geschafft haben, ihren Einflussbereich zu nutzen und zu erweitern, warum auch nicht du – in einer Welt voller Möglichkeiten? Die einzige Person, die dich heute daran hindern kann, sind nicht die anderen, nur du selbst bist es.

An dieser Stelle kommen wir somit nicht umhin, über Selbstführung zu sprechen. Mahatma Gandhi, Nelson Mandela und Viktor Frankl verbindet ein hoher Grad an Selbstführung. Unter normalen und einfachen Umständen ist Selbstführung keine große Sache. Unter schwierigen Umständen ist sie eine Herausforderung. Dich selbst zu führen ist der Schlüssel, um deinen Einflussbereich zu nutzen und um deine Ziele zu erreichen. Viktor Frankl erkannte das sehr früh. Sein Zitat veranschaulicht die Bedeutung von Zielen für deine Selbstführung:

»Ein Ziel zu haben ist die größte Triebkraft im Leben eines Menschen.«

Dazu brauchen wir die Aspekte, die wir bisher behandelt haben, nämlich Proaktivität, das Erkennen des Einflussbereiches, genauso wie das Erweitern des Einflussbereiches, mit dem wir uns nun befassen wollen. Es gilt: Du gelangst durch Selbstentwicklung zur Selbstführung sowie umgekehrt durch Selbstführung zur Selbstentwicklung. Doch was meinen wir mit Selbstführung?

> **Selbstführung** (englisch: Self-Leadership) **ist die Fähigkeit, Verantwortung für deine eigenen Werte, Gedanken, Entscheidungen, dein Tun und Handeln proaktiv zu übernehmen, unabhängig davon, wer gerade offiziell dein Chef oder deine Chefin ist.**

Woran erkennst du die Selbstführung in dir?

Eine hohe Selbstführung erkennst du unter anderem daran, dass ...
... du Kontrolle über dein Leben, deine Emotionen, dein Verhalten und dein Glück hast. Du hast die Fernbedienung und lässt dich nicht von anderen steuern.
... du deine Ziele nicht aus den Augen verlierst. Du hast eine Vision, und alle Tätigkeiten, die du ausführst, führen dahin.
... du deine Werte und deinen Kreis der Würde definiert hast.
... du Entscheidungen triffst und Verantwortung für die Folgen übernimmst.
... du Fehler machst und dazu stehst.
... du die Sinnhaftigkeit in deinem Tun findest, bevor du loslegst.

Wenn du also entscheidest, deinen Einflussbereich zu erweitern, dann siehst du den Sinn darin. Durch Selbstführung lenkst du dich so, dass du deine Ziele erreichst.

Woran erkenne ich mangelnde Selbstführung?

Ganz einfach: Du bewegst dich zu sehr in deinem Interessenbereich. Du wirst von anderen unbewusst oder bewusst kontrolliert, du schwankst mit dem Wind. Deine Laune ist abhängig vom Wetter und von den Launen beispielsweise deiner Partnerin oder deines Partners. Dadurch schmälerst du deinen eigenen Einflussbereich – zuerst nicht wahrnehmbar und doch mit enormer negativer Wirkung auf deine Persönlichkeit und auf deinen Erfolg. Denn hier reagierst du nur.

Bevor ich dir zeige, wie du deinen eigenen Einflussbereich erweiterst, lies zunächst eine Story, die das Ganze veranschaulicht.

Eines meiner Herzensthemen ist Diversity. Ich bin überzeugt, dass es an der Zeit ist, Diversity viel positiver anzugehen. Eines der Werkzeuge, die ich in Vorträgen oder Trainings mitgebe, ist Eigenverantwortung. Mit meinen Storys zeige ich auf, dass auch Menschen in der Minderheit den ersten Schritt machen können.

Meine Story zum Erweitern des Einflussbereiches

»Wissen Sie, Frau Omondi, wir haben schlechte Erfahrungen mit Menschen wie Ihnen gemacht.«

Ich war auf der Suche nach meiner ersten Privatwohnung in Deutschland. Alles jenseits einer Studenten-WG für mich und meinen kleinen Sohn. Eine der Besichtigungen war in Wallhausen – ein kleiner schöner Vorort von Konstanz. Die Besichtigung wurde von der Freundin meines potenziellen Vermieters durchgeführt und nicht von ihm selbst. Er wohnte weit weg. Ich wusste sofort, dass die Wohnung zu uns passt: Preis, Lage, Zustand. Die Ansprechpartnerin war sehr umgänglich, also schloss ich daraus, dass der Vermieter auch umgänglich sei. Zwar wäre der Weg zur Schule meines Sohnes und zum Bahnhof für mich viel weiter gewesen, aber ich war froh um diese Möglichkeit.

Ich spürte, dass wir uns einig werden würden. Natürlich gab es auch andere Bewerber. Dennoch verließ mich dieses Gefühl nicht, dass es diesmal klappen würde. Wie es so war damals, durfte ich einige Dokumente nachreichen, und der Vermieter würde sich melden. Das tat er auch. Er sagte ab. Ich verstand die Welt nicht mehr. Faktenbasiert schien alles in Ordnung zu sein. Ich war zunächst so überrascht, dass ich mich nicht handlungsfähig fühlte. Einige Stunden später nahm ich meinen Mut zusammen und rief ihn an. Ich hatte in der Zwischenzeit mitbekommen, dass Vermieter ungern Ausländern ihre Wohnungen überlassen. Ich wollte unbedingt wissen, ob da etwas dran war, denn in Bezug auf die Anforderungen hatte ich meines Erachtens alles erfüllt.

Ich fragte ihn, als er sich am Telefon meldete: »Warum sagen Sie ab?«
Er schwieg. Ich merkte, dass da etwas war, das er nicht sagen wollte. Also formulierte ich meine Frage um: »Ist es, weil ich nicht aus Deutschland komme?«
Er antwortete: »Wissen Sie, Frau Omondi, wir haben schlechte Erfahrungen mit Menschen wie Ihnen gemacht.«
Wie meinte er das? Menschen, die so schön sind wie ich, die so freundlich sind wie ich? Jetzt hatte ich es: Ausländer.
Ich ließ ihn nicht weiterreden. Ich sagte einfach: »Geben Sie mir eine Chance. Geben Sie mir bitte eine Chance.«
Er gab sie mir.

Diese Story berührt mich bis heute, denn als ich kündigte, sagte er: »Sehr schade. Sie waren meine beste Mieterin.« Was für eine Wendung diese Geschichte machte! Was für eine Wirkung für Menschen wie mich! Wie wird diese Erfahrung seine zukünftigen Entscheidungen positiv beeinflussen? Warum ich diese Story liebe, erfährst du gleich. Vorher möchte ich dir sagen, dass dieses Erfolgserlebnis und diese Haltung mir ebenfalls im beruflichen Kontext das Leben leichter machen.

Die drei wichtigsten Learnings aus meiner Story

1 Mein Erlebnis zeigte mir auf, dass jeder hier den ersten Schritt machen kann. Egal wie klein du dich fühlst, wie machtlos du dich gegenüber Vermietern oder anderen Entscheidern fühlst – unterschätze dich nicht. Ich schätze die Macht einer Fragestellung. Selbst mit einer einfachen Frage kann ich meinen Einflussbereich erweitern. Ich werde sichtbar und werde zum Leuchtturm, auch für Menschen, die vorher Probleme mit mir hatten. Es gilt für mich: »Nimm nicht einfach an, dass du etwas nicht bewegen kannst.« Nur durch Ausprobieren gewinne ich wertvolle Erkenntnisse.

2 Durch Selbstführung – zum Beispiel durch Kontrolle über meine eigenen Emotionen – komme ich zu den Lösungsmöglichkeiten. Jedem Schritt folgen andere Optionen. Damit wird mein Einflussbereich immer größer.

3 Durch empathisches Zuhören und Verständnis für das Gegenüber sowie durch Schaffung von Klarheit finde ich mit meinen Partnern gemeinsam einen Weg. Mein Vermieter hatte Angst, dass ich vielleicht nicht bezahlen können würde. Auf den ersten Blick kam es dir vielleicht auch so vor, dass er keine Ausländer mag. Wie fatal es wäre, ihn einfach als Rassist zu bezeichnen. Das ist sowieso nicht meine Art, denn so verbaue ich mir die Chance auf eine Lösung. Er hatte nichts gegen mich als Person: Es ging um ein Risiko. Mal ehrlich: Ich war eine junge ausländische Studentin mit einem Kind, die jederzeit zurück nach Kenia gekonnt hätte. Objektiv betrachtet hätte in dieser Situation auch ein Risiko für ihn bestehen können.

Durch Selbstführung erreichen wir auch Menschen, deren Ängste uns unbegründet vorkommen. Damit ist sie ein mächtiges Tool, wenn es darum geht, unseren Einflussbereich zu erweitern.

Jetzt, da ich selbst Vermieterin bin, verstehe ich ihn noch besser.

Was passiert, wenn du deinen Einflussbereich nicht aktiv erweiterst?

Ganz simpel: Du schmälerst ihn. Dein Einflussbereich wird immer kleiner. All die Folgen, die wir bereits im zweiten Kapitel erwähnten haben, erlangen eine tiefere Dimension: Du jammerst noch mehr über Situationen. Du gibst noch mehr Menschen die Schuld an deiner Situation. Diese verlassen dich, weil du ihnen Energie raubst. Du versinkst in Selbstmitleid. Du wächst nicht: weder persönlich noch beruflich. Du verpasst Chancen. Beispielsweise werden andere befördert, während du noch wartest, dass ein Wunder passiert. Mir ist bewusst, dass es für viele eine große Sache ist, Chancen zu ergreifen oder einen anderen Schritt zu wagen. Etwas, das dir schnell helfen kann, ist, dich zu fragen: Was kann schon schiefgehen oder was ist das Schlimmste, was passieren kann? In meinem Beispiel gab es nichts Schlimmeres mehr, denn die Absage kam bereits. Ich hätte im Worst Case eine Erkenntnis oder eine Bestätigung bekommen, dass mein damaliger Vermieter mich nicht als Mieterin hätte haben wollen.

Die folgende Abbildung zeigt dir, wie es aussehen könnte, wenn dein Interessenbereich größer und dein Einflussbereich kleiner wird:

2 | **Einflussbereich und Interessenbereich, wenn du nur reagierst**

in Anlehnung an Covey (2004)

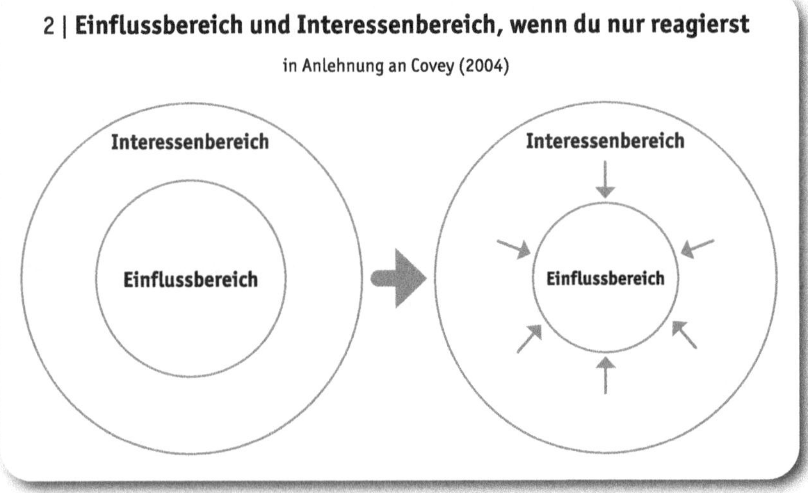

Bist du schon mal in einer Situation gewesen, in der viel schieflief, und jeder redete nur über das Problem, aber keiner handelte? Wie ist es dir ergangen? Die rechte Grafik in Abbildung 2 zeigt dir, wie es ist, wenn du nur reagierst.

Es ist wie Muskeltraining: Wenn du deine Muskeln nicht verwendest, verschwinden sie. Das Gute ist: Du kannst sie immer wieder aufbauen. Wie du das machen darfst, erfährst du im nächsten Abschnitt.

Wie können wir unseren bereits erkannten Einflussbereich erweitern und für uns nutzen?

Lasse uns das Ganze wieder wie in Kapitel 2 in drei Ebenen durchspielen.

Die erste Ebene ist allgemein und beantwortet mit dem Reiz-Reaktions-Modell von Viktor Frankl, das uns von nun an begleiten wird, die Frage, wie sich der eigene Einflussbereich erweitern lässt.

In den beiden weiteren Ebenen werden wir konkreter und nehmen die eigenen Ressourcen und die eigenen Emotionen noch genauer unter die Lupe. Die Erfahrung zeigt, dass hier große Potenziale liegen.

Ebene 1: Deinen Einflussbereich mit dem Reiz-Reaktions-Modell erweitern

Viktor Frankls Arbeiten ist durch seine unvorstellbaren Erfahrungen als inhaftierter jüdischer Psychiater in den deutschen Konzentrationslagern während des zweiten Weltkrieges geprägt. Sein Reiz-Reaktions-Modell ist so nützlich, weil es uns hilft, aus dem reaktiven Modus zu kommen. Es bringt uns in die Lage, wieder handeln zu können. Wie du weißt, kommen wir ohne Tun, ohne Handeln nicht weiter. Zumindest nicht so, wie wir es gerne hätten: Selbstbestimmt. Vom Denken allein hat bisher keiner die Welt verändert.

Zunächst einmal: Es ist und bleibt eine Übung, im eigenen Einflussbereich zu bleiben. Dabei hilft uns das Modell. Um ihn zu erweitern, können wir das Modell ebenfalls bewusst immer und wieder nutzen, für kleine und für große Herausforderungen.

Was besagt das Modell?
»Zwischen Reiz und Reaktion liegt ein Raum. In diesem Raum liegt unsere Macht zur Wahl unserer Reaktion. In unserer Reaktion liegen unsere Entwicklung und unsere Freiheit.«

Viktor Frankl (1905–1997)

Im Internet kannst du nachlesen, wie er dadurch das Konzentrationslager erlebte. Viktor Frankl schaffte nicht nur, zu überleben; er schaffte es auch, mental gesund zu bleiben. Einfach gesagt geht es immer darum, dass du verinnerlichst, dass du jederzeit die Wahl hast, wie du auf Situationen reagierst. Deshalb ist es für mich persönlich das mächtigste Werkzeug in der Persönlichkeitsentwicklung.

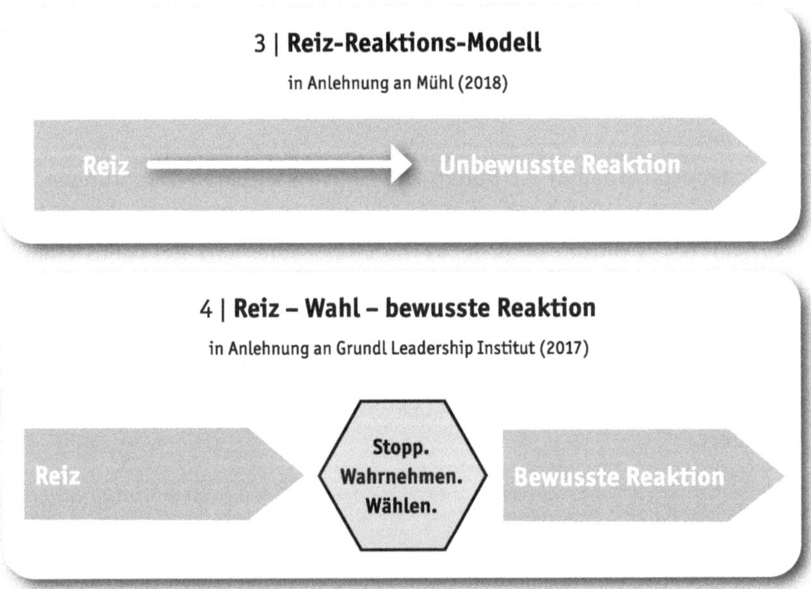

Vergleiche die obigen Bilder. In der ersten Abbildung reagierst du sofort. In der zweiten hältst du inne, nimmst wahr und wählst bewusst deine Reaktion darauf. Gleich vorweg: Zu wählen, nicht zu reagieren, ist eine bewusste und mächtige Entscheidung.

Wenn du ehrlich bist, gibt es sicher genug Reize in deinem Alltag oder in deiner Umgebung. In der heutigen Zeit hast du vielleicht das Gefühl, dass von dir erwartet wird, dass du ständig auf etwas reagierst: etwa auf die Beiträge in sozialen Medien oder auf Telefonate. Selbstführung hilft dir dabei, nicht immer zu reagieren, und wenn, dann bewusst.

Genau die Sätze, die wir in Kapitel 1 geübt haben, brauchst du hier, um das Modell in die Tat umzusetzen. Weitere sind:

Wortwahl, die Reaktivität signalisiert	**Wortwahl, die Proaktivität signalisiert**
Mein Chef macht mich verrückt.	Ich suche morgen ein Gespräch mit meinem Chef.
Sie wieder.	Ich wähle, zu schweigen, anstatt zu werten.
Es läuft alles schief.	Welche Alternativen haben wir?

Die Anwendung dieses Modells ist unabhängig von der Intensität der Reize. Sie können unterschiedlich schwach oder stark ausgeprägt sein. Hier einige Anwendungsbeispiele:

Beispiel 1:
Dein Telefon klingelt.
Du kannst entscheiden, ob du das Gespräch annimmst und deine aktuelle Arbeit unterbrichst.

Beispiel 2:
Es herrscht das Gerücht, dass dir gekündigt wird.
Du kannst wählen, ob du für dich Klarheit schaffst und ein Gespräch suchst oder traurig ohne Klarheit nach Hause fährst.

Beispiel 3:
Du erhältst das Angebot, befördert zu werden, was viel internationales Reisen bedeuten würde.
Du kannst die Auswirkungen, also Vorteile und Nachteile, gegeneinander abwägen und dann auf das Angebot reagieren. Du darfst natürlich auch sagen, dass du eine Woche Zeit brauchst, um darüber nachzudenken.

Weitere Beispiele schauen wir uns in den Ebenen 2 und 3 an. Doch beachte an dieser Stelle schon Folgendes: Es ist zunächst eine Entscheidung, die du triffst – die Entscheidung, bewusst zu agieren, anstatt zu reagieren. Danach findest du Lösungen und Wege. Nutze diesen Raum, denn das ist die Selbstführung schlechthin. Das ist ein Raum des Bewusstseins, wieder präsent zu sein und dann selbst zu entscheiden und zu priorisieren, was dir guttut.

Dieser Raum und diese Selbstführung helfen uns in allen drei Teilen in diesem Buch:
1. In der Selbstführung und in der Entdeckung der Eigenverantwortung. In meiner Story zur gehaltlichen Eingruppierung: Hätte ich den Raum nicht genutzt, wäre ich in endlosem Selbstmitleid versunken.
2. Im Umgang mit anderen, in der Entdeckung des Gemeinsamen und den damit verbundenen Synergien.
3. Im gemeinsamen Wirken.

Proaktive Menschen treiben Veränderungen voran. Mit diesem Raum initiieren wir nicht nur, wir entscheiden uns, kein Opfer zu sein, finden proaktiv Lösungen und beeinflussen so auch die Menschen in unserer Umgebung positiv.

Im Kern hilft dir das Reiz-Reaktions-Modell, dich zu fragen:

1. Was nehme ich aktuell wahr? So kannst du deine Wahrnehmung überprüfen und gehst nicht in die Bewertung.
2. Welche Möglichkeiten habe ich? Genau diese schauen wir uns nun anhand der Dimension Ressourcen und Emotionen an.

Ebene 2: Deine Ressourcen nutzen – wie du damit deinen Einflussbereich erweiterst

Mithilfe von Kapitel 2 hast du bereits deine Stärken neu entdecken können. Wir haben zudem Ressourcen erwähnt, die oft brachliegen, vor allem, wenn du in den Schuldzuweisungsmodus gehst. Ich möchte mit dir drei dieser wichtigen Ressourcen durchgehen und herausfinden, wie du damit deinen Einflussbereich erweiterst.

Diese Ressourcen sind Zeit, Wissen und dein Netzwerk.

Ressource 1: Zeit

Den Spruch »Zeit ist Geld« hast du bestimmt schon oft gehört. Obwohl mich dieses Zitat nationen- und generationenunabhängig begleitet, bleibt es auch für mich eine tägliche Herausforderung, die Zeit effektiv zu nutzen. Jeder von uns hat vierundzwanzig Stunden am Tag zur Verfügung. Wie kann es also sein, dass die einen bessere Ergebnisse liefern und andere nicht? Hier darfst du dir zwei Fragen stellen:

1. Wohin geht deine Zeit? Eine faktenbasierte Ist-Aufnahme, um eine Veränderung herbeizuführen, ist möglich.
2. In was möchtest du in Zukunft deine Zeit investieren – also eine bewusste Entscheidung treffen? Proaktiv?

Gerade in Zeiten der ständigen Erreichbarkeit merkst du nicht mal, wie schnell die Zeit vergeht, vor allem bei Themen, die dir unterhaltsam erscheinen, wie soziale Medien oder Onlinespiele. Die Provider sind froh darüber, schließlich leben sie von Süchtigen. Doch was bringt dir das, wenn du gerade nicht selbst mit Spielen oder Reaktionen in den sozialen Medien Geld verdienst? Konsumierst du nur oder erschaffst du etwas damit?

Mit meinem Smartphone habe ich die Möglichkeit, herauszufinden, welche Apps ich wie lange nutze. Damit verschaffe ich mir einen Überblick darüber, wohin meine Zeit geht. Doch damit sehe ich natürlich nur den Anteil meiner Zeit, den ich mit dem Handy verbringe. Es kann sich lohnen, ob selbstständig oder angestellt, aufzuschreiben, wofür du deine Zeit verwendest. Ich mache diese Übung immer wieder. Die Ergebnisse sind manchmal erschreckend, denn der genaue Blick offenbart manchmal, dass Selbstwahrnehmung und Realität weit auseinander liegen können. Ein Ergebnis bei mir war beispielsweise schon öfter, dass ich erkannte, dass meine Kinder weniger Zeit von mir bekamen, als ich es mir vorgenommen hatte.

Wenn es etwas gibt, das ich seit der Nutzung von Smartphones und damit Messenger-Diensten wie WhatsApp und weiteren Apps schätze, dann ist es der Offline-Modus. Alle Benachrichtigungen von neuen Apps schalte ich heute konsequent aus. Keine Pop-up-Mitteilungen außer SMS. Menschen, die mir wichtig sind, wissen das.

»Susan, du bist nie erreichbar«, hörte ich schon oft. Selbst mein Chef warf mir das vor. Ich sagte ihm nur: »Wenn ich auf alle Anrufe jederzeit reagieren würde, würde ich nicht vorankommen.« Dann zählte ich ihm auf, was alles liegen bleiben würde. Ich sagte ihm, dass das, was er an mir bewunderte, nämlich Resultate zu liefern, das Ergebnis von Selbstmanagement war. Meine Aufgabe im Unternehmen bestand seinerzeit nicht darin, anderen sofortigen Support zu leisten.

An dieser Stelle merke dir: In der Selbstführung sprechen wir bewusst nicht von Zeitmanagement. Die Zeit hast du nicht, die Zeit nimmst du dir bewusst für etwas. Gewöhne dir an, auch Zeit für dich freizuschaufeln. Nichts ist so dringend, dass es dich braucht. Wenn du erreichbar bist, weil du damit dein Geld verdienst, ist das natürlich etwas anderes. Hier wirst du aber alle anderen Kanäle ausschalten, um deinen Job richtig zu machen. Ich weiß, Menschen erwarten von dir, dass du erreichbar bist. Einige sind beleidigt und nehmen es persönlich. Es ist wichtig, dass du zu deiner Entscheidung stehst und diese verantwortest.

Ich für meinen Teil lese nur E-Mails oder andere Nachrichten, wenn ich bereit bin, darauf zu reagieren. Dazu kommt im Job meist noch ein weiteres Phänomen: Schnelles Bearbeiten von E-Mails oder Nachrichten führt nur dazu, dass du noch mehr bekommst. Ganz einfach: Wer keine E-Mails verschickt, bekommt auch keine. So bin ich auch sparsam mit dem Schreiben und gewinne so wertvolle Zeit. Nochmals: Sie überleben alle ohne dich.

Hier zusammengefasst wichtige Impulse, wie du dir Zeit freischaufeln kannst:

- Keine Benachrichtigungen, keine Pop-up-Mitteilungen. Beantworte nicht jeden Anruf.
- Keine Meetings, die nur viel Zeit ohne Ergebnisse in Anspruch nehmen.
- Definiere Zeiten für deine Social-Selling-Aktivitäten.
- Definiere terminfreie Tage für dich: Für mich ist es montags. Bei mir klappt es zu achtzig Prozent. Das ist großartig.
- Definiere Zeiten für Menschen, die dir wichtig sind, denn diese geben dir Energie.

Nun hast du dir Zeit freigeschaufelt. Ist das nicht eine Menge? In was investierst du nun diese Zeit?

Zunächst einmal hast du bestimmt eine Vision oder ein großes Ziel. Dann merke dir: Alles, was du tust, wofür du deine Zeit verwendest, sollte dich näher zum Ziel bringen. Alles andere streichst du besser radikal. Diese Ziele können noch in der Entstehung sein. Setze daher eine Stufe tiefer an: Alles, was du tust, hat Mehrwert – für dich, deine Kundschaft oder Partner. Konkret möchte ich dir in diesem Zusammenhang meine Anregungen mitgeben:

- Investiere deine Zeit in deine Gesundheit, in Aktivitäten, die deinen Körper und Geist weiterbringen.
- Investiere deine Zeit in dein Business, in dein Buch, in dein Unternehmen. Bezogen auf deine Familie oder dein Team: Investiere Zeit in Aktivitäten oder Themen, die deine Lieben oder deine Kollegen weiterbringen oder die eure Beziehungen kräftigen.
- Investiere deine Zeiten in Pausen, denn das hilft dir, den Raum zwischen Reiz und Reaktion besser wahrzunehmen und zu nutzen.

Bei Reizen kannst du dir dann sagen: Stopp, ich nehme mir erst mal Zeit, um nachzudenken. Diese Zeit kannst du dann beispielsweise nutzen, um dein Wissen zu erweitern oder dich zu bewegen, anstatt dich zu ärgern. Du wirst merken: Von Weitem betrachtet, sind die Probleme kleiner oder gar keine Probleme mehr.

Ressource 2: Wissen

Das Wissen heute ist nicht mehr das Wichtigste, und es ist nicht wirklich ein Alleinstellungsmerkmal, weil du auch alles im Internet finden kannst. Im Rahmen der Technologietrends kommt zusätzliches Wissen dazu. Gerade weil das Wissen sich weiterentwickelt, ist es wichtig, am Ball zu bleiben und neue Trends zu verfolgen, damit du Veränderungen willkommen heißt und vorankommst. Damit erweiterst du deinen Einflussbereich.

Es gibt so viel kostenloses Wissen auf YouTube oder auch leicht bezahlbare Zugänge, wie zum Beispiel bei LinkedIn Learning. Nimm dir vor, jeden Tag etwas Neues zu lernen. Das kann auch der Inhalt eines Buches sein.

Den eigenen Horizont beständig zu erweitern beschränkt sich im Berufsalltag heute schon lange nicht mehr nur auf benötigtes Fachwissen. Genauso wichtig ist die Beschäftigung mit psychologischen und soziologischen Fragestellungen. Selbstführung, Emotionale Kompetenz, Kommunikative Fähigkeiten und benachbarte Disziplinen sind ebenfalls wichtige Wissensgebiete.

Erkenne: Je mehr du in dein Wissen investierst, desto größer wird dein Einflussbereich. Wichtig ist auch, dass du dieses Wissen mit anderen teilst, denn dann wirst du sichtbar, du lernst mehr dadurch, und deine Expertise wird anerkannt, sodass du gefragt wirst, was wiederum zu finanziellem Erfolg führt.

Ressource 3: Dein Netzwerk

Hast du ein gutes Netzwerk? Damit ist nicht nur dein Netzwerk aus den sozialen Medien gemeint, sondern vor allem Menschen und Partner, die wirklich für dich da sind und mit denen du Beziehungen pflegst. Von denen du viel mitnimmst und an sie auch viel zurückgibst. Investiere in diese Beziehungen. Das ist eine signifikante Währung heute.

Natürlich kann es schnell passieren, dass dein Netzwerk zu viel von dir erwartet. Wenn etwa jemand dir in einer Sache geholfen hat und dafür ewige Dankbarkeit erwartet. Daher ist es wichtig, Erwartungen zu klären und den Raum zwischen Reiz und Reaktion zu nutzen. Du kannst für jemanden da sein, ohne ständig erreichbar zu sein. Sollte es auch trotz geklärter Erwartungen nicht klappen, hast du die Wahl, diese Beziehung zu beenden.

Nutze dein Netzwerk, um voranzukommen. Unter Umständen stehen dir diese Möglichkeiten zur Verfügung:

- Löse Probleme in deinem Netzwerk und liefere Mehrwert – so bleibst du sichtbar und wirst weiterempfohlen. Du hast dadurch Multiplikatoren gewonnen.
- Empfiehl dein Netzwerk weiter – so erweitert ihr gemeinsam das Netzwerk und damit verfügbare Ressourcen.
- Frage nach Hilfe, wenn du welche brauchst. Meine Freundin und Co-Autorin Alexandra und ich sagen immer: »Hilfe annehmen ist eine Stärke.«

Ebene 3: Deine Emotionen kontrollieren, um deinen Einflussbereich zu erweitern

In dem Raum zwischen Reiz und Reaktion, den du dir nehmen kannst, hast du immer die Wahl zu entscheiden, wie du auf etwas reagierst. Du kannst entscheiden, sofort oder gar nicht zu reagieren oder später eine kluge Antwort oder Reaktion zu finden. Während du dir diese Zeit nimmst, kommst du auch nicht in die Wertung. Ich habe gelernt, etwas nicht sofort zu beantworten, nur weil es möglich ist. Es sei denn, es geht um Leben und Tod. Wie oft jedoch kommt das vor?

Genau hier bestimmen wir die Emotionen.

Ich werde oft gefragt, ob ich schlechte Erfahrungen habe mit Menschen, die keine Ausländer wollen, oder wie es sein kann, dass ich trotz allem meine Freude und mein Lächeln nicht verliere – für diejenigen, die meine Storys kennen. Zum Glück hatte ich dieses Modell früh genug verinnerlicht. Meine Antwort war stets: »Ich kann ja wählen, wie ich darauf reagiere.« Je mehr ich mir das sage, desto stärker werde ich darin. Klingt theoretisch? Ganz und gar nicht. Es funktioniert. So übe ich jeden Tag. Ich nehme mir mindestens eine Stunde für mich und für Bewegung. In dieser Zeit sage ich mir diesen Satz: »Zwischen Reiz und Reaktion habe ich genügend Zeit, um meine Antwort zu wählen.«

Danach dusche ich kalt, schalte alles aus und schreibe zum Beispiel ein Kapitel. Wenn du von Menschen umgeben bist, die auf deine Erreichbarkeit angewiesen sind, teile ihnen mit, dass du nun für eine bestimmte Anzahl an Stunden nicht erreichbar sein wirst. Sie werden es respektieren. Sie werden es sogar bewundern.

So habe ich automatisch nicht mehr das Gefühl, dass andere über mich bestimmen. Auch blöde Bemerkungen können mir nichts anhaben: Wenn ich einmal über etwas geschlafen habe, scheint es kein Problem mehr zu sein. Die Zeit wirkt heilend. Ich ermahne mich: Ich bin für mein Glück und für meine Emotionen zuständig. Daher wähle ich auch bewusst, mit wem ich zusammenarbeite.

Das Zitat von Mahatma Gandhi (1869–1949) bringt es auf den Punkt:

»Niemand kann mich ohne meine Erlaubnis verletzen.«

Wenn du deine Emotionen unter Kontrolle hast, schaufelst du Zeit und Energie für das frei, was dich weiterbringt. Du erweiterst deinen Einflussbereich, und du bist sichtbar. Einfache Hilfestellungen für den Alltag, die deine Eigenverantwortung stärken und damit auch deinen Einflussbereich noch mehr erweitern, sind:

- Nein sagen,
- Klatsch und Tratsch vermeiden,
- keine Ausreden mehr verwenden.

Hast du auch eine Not-to-do-Liste? Eine Not-to-do-Liste beinhaltet eine Liste von Dingen, die du aus deinem Leben verbannst oder die du einfach nicht tust, um effektiv zu bleiben. Für mich persönlich ist sie sogar mächtiger als eine To-do-Liste. Finde heraus, in welchen Bereichen du bereits Einfluss hast und wie du damit deinen Einfluss erweitern kannst.

Die fünf wichtigsten Erkenntnisse aus Kapitel 3

1 Mit der Entscheidung zur Selbstführung lernst du, deinen Einflussbereich Schritt für Schritt zu erweitern.

2 Zwischen Reiz und Reaktionen hast du immer genügend Raum, um deine Emotionen und dein Handeln in einer Situation bewusst zu wählen.

3 Die Nutzung deiner verfügbaren Ressourcen hilft dir, in deinem Einflussbereich zu bleiben und den Einflussbereich sogar zu erweitern. Lasse sie nicht brachliegen, denn das ist totes Kapital.

4 Lasse nicht zu, dass andere über deine Emotionen bestimmen. Du hast die Fernbedienung. Definiere pro Tag deine Zeit für dich, um zurück zu dir zu kommen. Dies kann auch eine Runde Joggen in der Mittagspause sein.

5 Schreibe dir deine Vision und deine Not-to-do-Liste. Stelle sicher, dass dich jede Aktivität deinen Zielen näherbringt. Sage Nein zu allem, was deinen Einflussbereich verringert, zum Beispiel zu unproduktiven Meetings.

Tun und wirken – deine Reflexion zu Kapitel 3

Nun zu dir. Selbstführung beginnt damit, dass du dich selbst verpflichtest und diese Verpflichtung erfüllst. Hier sind einige Fragen zur Reflexion.

Was ist das Wichtigste, das du aus diesem Kapitel mitnimmst und innerhalb eines Monats in die Tat umsetzen möchtest?

Angenommen, deine Chefin schreit dich bei jeder Gelegenheit an, für dich ist der Grund unverständlich. Aus deiner Sicht machst du alles richtig. Wenn du etwas brauchst, nimmt sie sich keine Zeit für dich. Wie gehst du die Sache an? Nutze dabei den Raum zwischen Reiz (das Verhalten deiner Chefin) und deiner Antwort hier.

Schreibe deine Not-to-do-Liste, also alles, was dir Energie oder Zeit raubt und dich nicht näher an deine Ziele bringt.

Nun kennst du deinen Einflussbereich. Du weißt, wie du ihn mit dem Raum zwischen Reiz und Reaktion erweiterst und nutzt.

Wie du mit dieser Fähigkeit Beziehungen aufbaust und gestaltest, erfährst du im nächsten Kapitel. Alexandra zeigt dir, wie du gewinnbringende Verbindungen aufbaust.

Teil 2:
Entdecke das Gemeinsame und schaffe Verbindungen

4. Beziehung aufbauen, pflegen und ernten

von Alexandra Lang

Schön, dass du bereit bist, deine Beziehungen aufzubauen und zu pflegen. Die Beziehung beginnt bei dir selbst, beim Eingehen einer Beziehung mit dir selbst, beim Erkennen, Erweitern und Leben deines Einflussbereichs – beim Annehmen deiner selbst. Zwei Vorteile zeigen sich deutlich, wenn du deinen Einflussbereich erkennst: Zum einen erweiterst du über Beziehungen deinen Einflussbereich. Zum anderen fällt es dir auch viel leichter, Beziehungen aufzubauen und zu vertiefen.

In diesem Kapitel zeigen wir dir zunächst, wie du Beziehungen auf einfache Weise aufbaust. Um Beziehungen aufzubauen und zu pflegen, sind diese fünf Qualitäten maßgeblich: Wertschätzung, Sympathie, Positiv-gestimmt-Sein, Authentizität und Dankbarkeit. All diese Qualitäten stärken das Miteinander und das Vertrauen.

Definition dieser fünf Qualitäten

Wertschätzung

Wertschätzung zeigt sich durch wohlwollendes Verhalten, aufrichtiges Interesse an meinem Gegenüber und durch Aufmerksamkeit. Die Grundhaltung »Du bist okay – ich bin okay« hilft sehr. Jeder Mensch ist wertvoll und hat Wertschätzung verdient, unabhängig von der individuellen Herkunft und Geschichte. Es gibt Verhaltensweisen, Wörter, Einstellungen, Meinungen, die dir möglicherweise nicht gefallen, diese haben aber nichts mit den Menschen an sich zu tun – ein grundlegender Unterschied, der sich zu beherzigen empfiehlt.

Sympathie

Sympathie schafft Synergien und Vertrauen. Sympathie ist der Türöffner für die Verbindungen mit den Mitmenschen. Sympathisch zu sein ist über Verhaltensweisen erlernbar: sich für den anderen aufrichtig zu interessieren, offene Fragen zu stellen, zu lächeln, hinzuhören und auch offen über sich zu erzählen. Es entsteht eine Zuneigung zwischen den Menschen. Menschen spüren deine wohlwollende Absicht immer.

Wenn dir ein Kollege sympathisch ist, fällt es dir leichter. Wenn das nicht der Fall ist, dann gibt es die Möglichkeit, bewusst etwas Positives zu sehen. Zum Beispiel: »Bei dieser einen strategischen Entscheidung beim letzten Meeting hat er meine Erwartungen nicht erfüllt. Allerdings war die Person in den Monaten zuvor sehr hilfsbereit, wenn ich Fragen hatte.«

Positiv-gestimmt-Sein

Eine positive Einstellung zeigt sich in der positiven Energie, die sich auf deine Mitmenschen überträgt. Positives Denken hat viele Vorteile im Geschäftsleben. Optimismus erweitert deinen Blickwinkel, deinen Horizont. Positives Denken hilft dir im Beziehungsaufbau und in der Beziehungspflege – im gesamten Geschäftsleben. Ein Umdenken von negativ zu positiv ist jederzeit erlernbar und verändert das gesamte Leben.

Gerade in schwierigen Situationen ist es grundlegend, sich positiv auszudrücken – in Ich-Botschaften. Dann gestaltet sich das Gespräch positiv, konstruktiv und lösungsorientiert. Du übernimmst selbst die Verantwortung für deine Emotionen, Worte und Entscheidungen.

Authentizität

Authentizität, ein inflationär verwendeter Begriff. Was verstehen wir darunter? Es ist ein Sich-selbst-Sein, ein Sich-selbst-Spüren. Gefühle wahrzunehmen, diese auch ausdrücken zu können – idealerweise in Ich-Botschaften, wie zum Beispiel: »Ich brauche noch zusätzliche Informationen, damit ich diese Aufgabe nach deiner Vorstellung erledigen kann.«

Wir alle haben unsere sensiblen, wunden Punkte. Aus diesem Grund ist es förderlich, das Reiz-Reaktions-Modell, das wir angesprochen haben, zu verinnerlichen. Sich darin zu üben – bewusstes Atmen hilft immer.

Triggert dich eine Situation oder das Verhalten einer Person, dann kann es schnell mal sehr emotional sein. Es ist hilfreich, diese Auslöser bewusst zu bemerken, wahrzunehmen. Sprich die Themen an und bleib in der Ruhe. Fünfmal einatmen, kurz die Luft anhalten und siebenmal ausatmen. Ein Muskeltraining, um sich selbst den Raum zu geben. Bei sich zu bleiben. Sage lieber: »Ich brauche jetzt etwas Zeit für mich, damit ich das Gespräch mal sacken lassen kann.«

Du kannst auch wie folgt reagieren: »Die Worte zu diesem Thema lösen in mir Traurigkeit aus, machen mich trotzig oder schockieren mich gerade.« Das ist authentisch und konstruktiver, als in den Angriff zu gehen, der meist beginnt mit einem Vorwurf und einem erhobenen Zeigefinger: »Du, du, du!«

Um authentisch zu sein, ist es notwendig, sich selbst gut zu kennen und zu wissen, wie es funktioniert, sich selbst zu reflektieren. Veränderst du die Beziehung zu dir selbst, änderst du diese automatisch auch im Miteinander.

Es kann sehr befreiend sein, ganz und echt zu sein – mit den kleinen Macken und Kanten.

Dankbarkeit

»Nicht die Glücklichen sind dankbar. Es sind die Dankbaren, die glücklich sind.«

Francis Bacon (1909–1992), britischer Maler

Dankbare Menschen strahlen eine besondere, magische Energie aus und sind sich dessen bewusst, dass das Leben selbst ein Geschenk ist. Eine Grundhaltung des Wohlwollens ist förderlich und stärkt das Miteinander.

Meine Story zu Aufbau und Pflege von Beziehungen

Seit Jahren begleite ich, Alexandra, Kunden in der Kundengewinnung und in der Kundenbindung. Ich bin immer wieder fasziniert, wie vermeintlich kleine Veränderungen in den Verhaltensweisen die Resultate beeinflussen.

Ein Kunde von mir steckte fest, fühlte sich gelangweilt, einsam, allein gelassen in seinen Entscheidungen, spürte nicht die Freude, die Energie. Alles wirkte monoton auf ihn. Beruflich hatte er Vieles erreicht und fragte sich: »War es das wirklich schon? Ist das alles gewesen?«

Der Kunde hatte außerdem große Mühe, Komplimente anzunehmen. Aufrichtig sagte ich damals zu Herrn Changer, wie großartig es sei, was er in den letzten Jahren alles in seinem Unternehmen aufgebaut und entwickelt habe. Er meinte, dass es nichts Besonderes sei, sah mich skeptisch an und erzählte von dem, was gerade aus seiner Sicht alles schieflaufe – vor allem mit den Beziehungen zu diversen Geschäftspartnern. Es kam mir vor, als wenn er die wertschätzenden Komplimente, die ich ihm gemacht hatte, völlig abwertete. Ich spürte es und war mir bewusst, dass dies nichts mit mir zu tun hatte, also blieb ich bei mir und am Ball.

Anschließend wies ich ihn freundlich darauf hin, dass dies ehrlich gemeinte Komplimente und herzliche Glückwünsche zu seinen sichtbaren Erfolgen wie Awards, Preisverleihungen und einem Unternehmen mit 20-jähriger Tradition seien.

Es fiel mir sehr leicht, meine Wertschätzung ihm gegenüber auszudrücken, und ich ergänzte, dass ich mich freuen würde, wenn er die Komplimente annähme. Er erklärte, dass es an seiner Nationalität läge, dass er das nicht so könne. Ich schilderte ihm meine Sichtweise: Denn es hat auch etwas mit Wertschätzung dem anderen gegenüber zu tun, wenn man es zulässt, Komplimente zu empfangen: Es machte auch mir große Freude, wenn er die Komplimente annehmen würde.

Ich gestand ihm, dass auch ich in der Vergangenheit hatte lernen dürfen, Komplimente anzunehmen. Jetzt könnte ich es, und es wäre auch ein Kompliment für mich, wenn er mein Kompliment annähme. Dann mussten wir beide schmunzeln und herzhaft lachen. Der Kunde wechselte seine Perspektive, und es war für ihn wie ein Aha-Effekt, ein richtiger Gamechanger. Ab dem Zeitpunkt konnte er Komplimente immer leichter annehmen. Ich erinnerte ihn von Zeit zu Zeit wieder daran, bis er es integrierte.

Kleine Veränderungen bei uns selbst haben oft große Wirkungen im Gemeinsamen. Die Beziehungen meines Kunden zu seinen Geschäftspartnern, Mitarbeitenden und Dienstleistern verbesserten sich deutlich. Er machte selbst mehr Komplimente und nahm diese auch dankend an. Es war so, als ob ihm plötzlich das Herz aufging, er sich öffnete. Die Gespräche und das Miteinander bekamen eine ganz andere Qualität. Seine gesamte Ausstrahlung wurde positiv und gewinnbringend. Er entwickelte sich zu einem sympathischen, offenen und herzlichen Geschäftsmann. Er hatte plötzlich viel mehr Freude an seinem Business und seinem Beruf. Vieles, das zuvor so selbstverständlich gewesen war, sah er nun mit anderen Augen. Er stärkte seine Beziehung zu sich selbst und erkannte sich selbst an. In der Konsequenz veränderte diese positive Beziehung zu sich selbst sehr viel im Außen. Jetzt war er nicht nur materiell erfolgreich, sondern auch mit Freude erfüllt. Faszinierend, nicht wahr?

Die drei wichtigsten Learnings aus meiner Story

1 Es kann so einfach sein, wenn wir uns aufrichtig wertschätzen, wenn wir uns als Mensch so annehmen, wie wir sind. Großzügig mit ehrlich gemeinten Komplimenten umzugehen, öffnet dir neue Türen und Tore. Menschen sehnen sich nach Anerkennung. Der Fokus auf das Positive gibt dir und deinem Gegenüber ein wohlwollendes Gefühl und lässt dich im Geschäftsleben freudvoll und erfolgreich sein. Ehrlich gemeinte Komplimente machen sympathisch. Zum Beispiel: »Das ist ein schöner Schal.« Du kannst auch persönlicher bei deinen Komplimenten sein: »Dein Dialekt ist sympathisch« oder: »Du bist mir sympathisch«. So machst du dich auto-

matisch sympathisch. Ich bin davon überzeugt: Wenn ein Mensch gesehen wird, dann ist eine grundlegende Basis für das Miteinander geschaffen. Mache auch du es deinen Mitmenschen leichter, indem du Komplimente annimmst. Es fördert das Miteinander und ist wertschätzend.

2 Wenn dir etwas nicht gefällt, sprich es höflich und konkret in Ich-Botschaften an. Diese offene Verhaltensweise beugt Missverständnissen vor und schafft Raum für einen konstruktiven Dialog. Du gibst dir selbst mehr Zeit: bei der Formulierung, bei der Aussprache. Verinnerliche das Reiz-Reaktions-Modell – es fördert die Verbindungen, und du bleibst authentisch. Der Atem hilft dir und ist für dich da.

3 Vertrauensaufbau ist das A und O in Beziehungen. Es ist ein Kennenlernen, ein Aufeinandereinlassen.

Wenn du gibst, dann gewährst du einen Vertrauensvorschuss. Mache beispielsweise ein Kompliment, empfiehl einen Kontakt oder verschenke eine kleine Aufmerksamkeit. Geben kann viele Facetten haben.

Interessant ist es, dass uns das Geben oft viel leichter fällt. Es braucht allerdings das Gleichgewicht. Das heißt nicht, dass alles von dergleichen Person zurückkommen muss. Empfangsbereitschaft ist allerdings vonnöten, und das heißt, dass man auch annehmen können sollte. Wenn dir jemand ein Kompliment macht, dann nimm es unbedingt an. Ein »Danke« ist völlig ausreichend als Antwort. So machst du dir selbst eine Freude und auch anderen.

Das Wunder der Natur

Das Gemeinsame entdecken und Verbindungen schaffen – das ist das sprudelnde Thema in diesem Kapitel mit dem Fokus auf den Beziehungsaufbau, die Beziehungspflege und das Ernten in Beziehungen. Was haben die Ebenen der Beziehung mit der Natur gemeinsam?

Die Natur liebe ich, ich erkenne und lerne selbst viel, was sich auf den Aufbau, die Pflege und die Ernte von Beziehungen transferieren lässt.

Sonnenblumen sind meine Lieblingsblumen. Sie sind für mich Kraftblumen: Sie richten sich stets zur Sonne, strahlen eine positive Energie aus.

Bei Veranstaltungen, für die ich als Beraterin engagiert wurde, verteile ich immer Sonnenblumensamen an meine Kundinnen oder Gäste. Es ist berührend und erfrischt mein Herz, im Nachgang so viele Fotos von Sonnenblumen zu empfangen. Bist du beim nächsten Event, dann erhältst du auch welche von mir zum Säen, Pflegen und Ernten. Möchtest du nicht so lange warten, dann sei proaktiv, kaufe dir jetzt schon Samen und säe, pflege und ernte. Es macht richtig Freude und der Erfolg ist bald sichtbar.

5 | Säen – Pflegen – Ernten

Hier eine kleine Anleitung für dich: Bio-Keimsprossen Sonnenblume (Helianthus annuus)

Aussaat: Ganzjährig im Zimmer bei circa zwanzig Grad Celsius. Keimdauer: circa fünf Tage. Einweichzeit: circa acht bis sechzehn Stunden.

Ernte: als Sprossen/Microgreen nach acht bis zwölf Tagen;

Keimmethode: Etagenkeimgerät, Keimschale, in Erde

Aus den ungeschälten Samenkörnern wächst die Sonnenblume. Spüle die Samen gründlich mit Wasser ab und weiche sie ein. Stelle die Keimschale an einen hellen Platz.

Wässere sie dreimal täglich. Die Samenhälse sind sehr hart, deswegen braucht der Samen viel Wasser zum Keimen.

Nach circa vier bis sechs Tagen gehen die Samenhälse von selbst ab.

Was du säst, bestimmt die Ernte. Was du säst und gibst, wirst du auch ernten.

Menschen gewinnen – säen
Du erntest, was du säst. Gedanken sind wie Samen. Das, was du denkst, säest du. Ich wähle bewusst aus, säe die Samen einer Sonnenblume. Mit dem Erkennen, was ich säen möchte, beginnt es, mit meiner inneren Klarheit. Ich bin mir dessen bewusst, was ich ernten möchte.

Deine Gedanken werden zu Worten und die Worte zu Handlungen. Mit welchen Gedanken, mit welcher Haltung, mit welcher Einstellung du den Menschen begegnest, ist wie eine Saat, wie ein Samen.

Wie ich säe, ist wichtig, die Art und Weise ist maßgeblich. Mit welcher Haltung und mit welcher Energie tue ich das? Bin ich in freudiger Erwartung, die Sonnenblume bald zu erblicken und mich daran zu beglücken? Das Säen ist der Startschuss für das Pflegen – sowohl von Pflanzen als auch von Beziehungen.

Es gibt keine Abkürzung, denn ich kann nicht säen und gleich darauf ernten. Die Pflege ist unverzichtbar.

Beziehungen – pflegen
Gehe ich wertschätzend und positiv vor? Auch in der Pflege? Bringe ich die Kontinuität des Gießens mit, die notwendige Ausdauer? Habe ich Vertrauen und lasse ich los? Bin ich jetzt schon dankbar?

Kontakte und Beziehungen sind sehr wertvoll, gerade auch im Geschäftsleben. Es kommt auf die Qualität an. Beziehungen wollen gepflegt werden. Je nach aktuellen Prioritäten gibt es mal weniger, mal mehr Kontakt. Kontinuität macht viel aus. Wenn ich an Social Media denke, dann kann es ein Like sein, ein Kommentar, ein Geburtstagsgruß. Oder wir greifen zum Telefonhörer und fragen nach, wie es geht und wie es läuft. Wir bieten bei Bedarf Hilfe an.

Seit vielen Jahren bin ich, Alexandra, intensiv auf LinkedIn unterwegs und habe inzwischen über achtzehntausend Follower. Jahrelang habe ich fast jeden Tag zum Geburtstag gratuliert, habe viele Netzwerkanlässe besucht, mit zahlreichen Menschen aus den unterschiedlichsten Branchen gesprochen, mich mit den vielfältigsten Menschen und Entscheidern ausgetauscht. Nicht täglich, aber doch sehr kontinuierlich erschaffe ich Content – dies schafft Bindung und stärkt die Glaubwürdigkeit. Ich bin in die Schweiz gekommen und hatte kaum Kontakte. Es war und ist entscheidend, Beziehungen zu pflegen. Schließlich hatte ich mir beruflich große Ziele gesetzt, die verwirklicht werden wollten.

Meine Absicht war immer, dass wir stets im Guten auseinandergehen, dass ich dem Menschen in einer Art und Weise ein wohlwollendes Gefühl vermitteln konnte, auch dann – und das ist bei neunzig Prozent der Fälle so –, wenn nicht sofort ein Geschäftsabschluss entsteht. Die Menschen erinnern sich dann noch Jahre später an das Gespräch mit dir zurück. So bleibst du in Erinnerung.

Meine Aufgabe, mein Job ist es, Menschen zusammenzuführen – für gute Geschäfte. Jetzt, nach Jahren Aufbauarbeit, kann ich meinen Kunden mit für sie relevanten Kontakten sehr gut weiterhelfen, sie verbinden, sie vernetzen. Voraussetzung war und ist eine sehr lange und intensive Beziehungspflege. Es macht große Freude, Menschen zusammenführen, als Immobilienvermittlerin und Business Mentorin.

Das kontinuierliche Pflegen hat sehr viel mit Vertrauen zu tun. Zum Vertrauen braucht es einerseits die Vertrauenswürdigkeit und andererseits die Vertrauensfähigkeit. Ob dein Gegenüber vertrauensfähig ist, kannst du nicht direkt beeinflussen. Es liegt also nicht in deinem Einflussbereich. Aber du kannst dazu beitragen, selbst vertrauenswürdig zu sein und somit gute Voraussetzungen für vertrauensvolle Beziehungen zu schaffen.

Bist du selbst vertrauenswürdig, dann erleichterst du deinem Gegenüber das Aufeinandereinlassen enorm. Was ich immer wieder erfahre, ist Folgendes: Wenn ich aus meinem Herzen handele, das heißt, wenn ich tatsächlich eine positive Absicht habe, den richtigen Samen säe, indem ich meinen Kunden oder Geschäftspartnerinnen aufrichtig und mit vollem Engagement helfen möchte, dann schafft dies eine kraftvolle Vertrauensbasis, einen unwiderstehlichen Mehrwert. Vertrauen entsteht auch, indem wir uns austauschen, Fragen stellen, zuhören, kurz zusammenfassen, ob wir alles richtig verstanden haben.

Im ersten Kapitel habe ich von einem anspruchsvollen Kunden innerhalb des Unternehmens, in dem ich damals tätig war, erzählt. Er war sehr misstrauisch gegenüber den angebotenen Dienstleistungen. Deshalb entwickelte ich den aufrichtigen Wunsch, die Beziehungsebene aufzubauen. Aus dieser Haltung heraus stellte ich ihm zwei sehr aufrichtige, konstruktive und lösungsorientierte Fragen.

»Herr Müller (Name geändert), was hilft Ihnen, wieder mehr Vertrauen in unser Unternehmen zu gewinnen?»

»Was kann ich persönlich dazu beitragen?«

Es ist ein großer Trugschluss, wenn wir alles glauben, was wir denken. Ich könnte viele Annahmen darüber treffen, wie ich das Vertrauen aufbauen könnte und mit welchen Maßnahmen. Und angenommen, ich würde total richtig liegen – es hätte nicht die gleiche Wirkung, als wenn ich meinen Kunden gefragt hätte. Daraufhin legte ich offen, was ich alles in die Wege geleitet hatte, was ich innerhalb des Unternehmens mit den jeweiligen Abteilungen initiiert hatte, um Lösungen für ihn zu finden. In Unternehmen lassen sich Prozesse oft nicht beschleunigen oder verändern, aber allein dein Engagement spürt dein Kunde und es hilft, Vertrauen aufzubauen. In kleinen Schritten anzufangen ist schon mehr als genug.

Es hat also viel mit Wertschätzung und Respekt zu tun, mit welcher Haltung ich meinem Gegenüber begegne. Meinem Gegenüber volle Präsenz zu schenken, aufmerksam zu sein, ganz im Hier und Jetzt zu sein – das alles hilft ungemein, um Vertrauen aufzubauen. Die Beziehung bekommt eine besondere, verbindende Qualität.

Doch kommen wir wieder zurück zur eigenen Vertrauenswürdigkeit. Sie fängt, und das ist dein großer Einflussbereich, zuallererst bei dir selbst an – das ist die Eigenverantwortung, um die es in unserem Buch geht. Hier liegt die wahre innere Kraft: gut zu dir selbst zu sein, eine wunderbare Beziehung zu dir selbst zu haben. Eigenverantwortlich zu sein ist sexy und sehr attraktiv, weil es auch deinem Gegenüber mehr Raum gibt. Erlebst du Freude, dass dein Kunde Erfolg hat, dann spürt er das, dann geht es über in einen Auftrag und eine gute Geschäftsbeziehung, die aufrichtig, vertrauensvoll und langandauernd ist.

Gute Geschäfte machen – ernten

Die Sonnenblume ernten, im Hochbeet, auf den Feldern, im Topf wachsen lassen, stehen lassen oder abschneiden und als Geschenk mitnehmen. Die Sonnenblume ist das Ergebnis – es ist Erntezeit. Spätestens jetzt ist es an der Zeit, sich darüber zu freuen, dankbar zu sein – für das Wunder der Natur und für das Ergebnis, für das kräftige Gelb, die feinen und starken Blüten mit dem langen, grünen Stil, die eine so positive Energie versprühen. Es ist an der Zeit, anzunehmen, zu empfangen, sich über all die Ergebnisse und Erfolge zu freuen. Sich die Zeit dafür zu nehmen, verdient zu feiern, zu genießen – im Miteinander.

Mit einer Geschäftspartnerin habe ich einmal im Monat ein Success-Cüpli-Treffen, das heißt, wir stoßen dann mit einem Gläschen Sekt auf unsere Erfolge an. Es braucht hierfür keinen Alkohol, auch nicht den Millionendeal. Ich denke, du verstehst, was ich meine, oder? Es geht um das Feiern, das Zelebrieren – mit dir selbst und mit anderen. Das Gemeinsame entdecken und Verbindungen schaffen.

In welcher Beziehung stehst du zu dir selbst?

Schenkst du dir selbst genug Respekt, Anerkennung und Wertschätzung? Wenn ja, wunderbar, dann klappt es auch größtenteils mit den Beziehungen zu anderen Menschen. Lernen und erkennen darfst du jeden Tag, somit lassen sich alle Hindernisse, die in Beziehungen auftauchen, lösen. Du musst nicht mit jedem gut können oder dich verbiegen, um den anderen zu gefallen. Das ist nicht gesund und bestimmt nicht aufrichtig.

Die Haltung, wertschätzend und respektvoll zu dir selbst und zu anderen zu sein, kannst du allerdings immer einnehmen. Wenn es dir bei dem ein oder anderen Menschen noch schwerfällt, dann hilft dir die Absicht, das Beste dafür zu geben, und das ist gut genug.

Wir alle haben Druck und Stress, aber wir treffen tagtäglich mehrmals die wichtige Entscheidung, wie wir uns selbst und auch anderen Menschen begegnen. Ich entscheide mich stets für eine freudvolle, wertschätzende und liebevolle Haltung mir selbst gegenüber – dies überträgt sich auf andere Menschen. Das finde ich sehr bereichernd und schön. Dies hat nichts damit zu tun, egoistisch zu sein, nein, das heißt, du übernimmst Verantwortung für dich selbst, für deine Gedanken, Gefühle und für deine Handlung. Es ist gigantisch und faszinierend, welche fruchtbaren Geschäftsbeziehungen entstehen.

Was passiert, wenn du nicht das Gemeinsame entdeckst und Verbindungen schaffst?

Es steht jedem Menschen frei, sein Leben zu gestalten, wie er möchte. Aus der eigenen Erfahrung, ganz gleich, ob in Österreich, Deutschland oder in der Schweiz, möchte ich, Alexandra, gerne ein paar Überlegungen dazu teilen, was passiert, wenn du das Miteinander nicht lebst. Bist du zum Beispiel ständig im Konkurrenzdenken, dann verlierst du den Fokus, lenkst von dir selbst ab und bist nicht bei dir – bei dir und deinen einzigartigen Qualitäten. Dies ist kontraproduktiv und bringt dich in ein Gefühl des Mangels.

Es gestaltet sich auch schwierig, wenn du alles allein machen willst. Bestimmt kannst du viel, aber nicht alles. Meine Co-Autorin Susan wird noch genauer auf Interdependenz eingehen. Sie beschreibt sehr anschaulich: Eins plus eins ergibt dann drei.

Es ist schwach, nicht um Hilfe zu bitten und alles allein zu tun. Ohne Netzwerk kommst du nicht zu den Menschen, mit denen du Geschäfte machen willst. Ohne deine Mitmenschen kannst du deine Erfolge, deine Freude nicht teilen und so manche Sorgen und Zweifel nicht leichter loswerden, wenn du alles mit dir selbst ausmachst. Es ist anstrengender, mühsamer, wenn du all die Motivation ständig aus dir selbst heraus aufbringen musst. Du siehst, es gibt viele Nachteile, wenn du dich nicht auf das Miteinander im Business einlässt.

Die fünf wichtigsten Erkenntnisse aus Kapitel 4

1 Mit der Beziehung zu dir selbst kannst du die Beziehung zu anderen verändern, schon mit einem Blickwinkel und mit deiner einzigartigen Energie wie der gefühlten Dankbarkeit. Das Wichtigste zum Thema Vertrauensaufbau – kurz zusammengefasst – ist die Beziehung zu dir selbst und das Vertrauen in dich selbst, aus dem Herzen zu handeln und aufmerksam zu sein. Sich selbst zu reflektieren, sich der eigenen Gefühle bewusst zu sein, stärkt die Empathie und diese wiederum das Miteinander. Es ist leichter, den anderen anzunehmen und zu verstehen und so eine Vertrauensbasis im Geschäftsleben aufzubauen.

2 Menschen freuen sich über Komplimente. Mit diesen großzügig zu sein schafft ein gutes Miteinander, fördert die Interaktion und die Beziehungspflege mit den Menschen. Komplimente zeigen auch, dass ich das Positive sehe, mich dem annähere, was schon gut ist oder gut läuft. Ich lege den Fokus auf das, was ich stärken und nähren möchte.

3 Authentisch zu sein heißt, du selbst zu sein und, wenn es hitzige Diskussionen gibt, bei dir zu bleiben, außerdem zu spüren, wenn du dir selbst mehr Raum gibst, wie im Reiz-Reaktions-Modell beschrieben. Eigenverantwortung ist sexy und sehr attraktiv, gerade auch im Umgang mit den Mitmenschen. Es macht alles leichter: das Arbeiten im Team, bei Projekten, im Business – in allen Lebensbereichen.

4 Die Währung dieser Zeit sind herzerfrischende Verbindungen. Jeder Mensch – und das finde ich großartig – ist anders, individuell und einzigartig. Jeder hat seine ureigene Story. Keine Geschichte gleicht der anderen. Das macht es äußerst interessant und lebendig. Ein Vergleich mit anderen Personen ist schlichtweg nicht förderlich, ein Annähern, ein »Parallelen entdecken« hingegen schon. Diese Verbindungen und Gemeinsamkeiten schaffen Vertrauen und stärken eine Beziehung. So können wir uns gegenseitig inspirieren, voneinander lernen, uns mitfreuen, mitfühlen, Trost spenden, zuhören, präsent sein – im Fluss des Lebens sein.

5 Menschlichkeit im Business ist für mich wichtig, und ich bin überzeugt, dass es ohne Menschlichkeit dauerhaft nicht läuft. Dies heißt, authentisch zu sein, aufrichtigen Respekt und Wertschätzung zu zeigen, dem Gegenüber würdevoll zu begegnen und präsent zu sein. Damit überhaupt eine positive Beziehung zu den Menschen, zu den potenziellen Kunden möglich ist, braucht es zuallererst eine positive Beziehung und Verbindung mit sich selbst. Und dies ist lernbar – alles ist möglich. Ich bewundere Menschen, die tagtäglich mutig sind und für ihre Werte einstehen, auch wenn dies oft eine große Herausforderung bedeutet. Danke.

Passt du dich in einer Beziehung um jeden Preis an, sodass du Beziehungen nicht verlierst, oder bevorzugst du es, dir selbst treu zu sein? Ein Thema, dass viele Menschen beschäftigt. Genau das behandeln wir im nächsten Kapitel.

Tun und wirken – deine Reflexion zu Kapitel 4

Nun zu dir.

1. Was möchtest du säen, pflegen und ernten?

2. Welche fünf Qualitäten stärken aus deiner Sicht Beziehungen? Was kannst du aktiv dazu beitragen?

3. Für was bist du in deinem Leben dankbar? Schreibe alles auf, was dir einfällt, auch die vermeintlich kleinsten Kleinigkeiten.

5. Du selbst sein und dein Gegenüber erreichen

von Alexandra Lang

Stelle dir vor, du machst dich selbstständig, willst dir deine eigene Marke aufbauen und hörst ständig auf alle anderen? Jede Entscheidung lässt du dir abnehmen, du vertraust nur auf Experten, die Bücher oder sogar Bestseller geschrieben haben. Du lässt dich auf dieses eine Masterprogramm ein, das alles löst, ohne dass du etwas dazu beiträgst. Ständig findest du einen neuen Guru, der es vermeintlich noch besser weiß.

Wie klingt das für dich, all die Verantwortung abzugeben? Wenn es dann zu einem Scheitern kommt, dann bist du auch nicht schuld, dann ist es der andere, der gesagt hat: »Genauso geht es.«

Leider funktioniert es so nicht, und das ist gleichzeitig ein großes Geschenk. Wenn du du selbst bist – und du spürst es, wenn du bei dir bleibst, wenn du dir deiner Gedanken, Gefühle und Handlungen bewusst bist –, dann gehst du deinen Weg, deinen ureigenen. Und es zahlt sich aus, denn dann kommst du in das Strahlen – du bist das Strahlen. Das ist das Ergebnis, das sich nach außen zeigt, nach außen wirkt. Dann ziehst du das passende Gegenüber an, auch in der Geschäftswelt.

Kurt Tepperwein sagt, du kannst erst dann den idealen Partner, auch im beruflichen Kontext, in dein Leben ziehen, wenn du selbst einer geworden bist. Dann erreichst du plötzlich dein Gegenüber, dann bedarf es oft auch nicht vieler Worte. Dann bist du du selbst, und du wirkst mit deiner Präsenz, mit deinem Sosein, mit deiner Energie.

Bevor wir tiefer einsteigen, klären wir die Begrifflichkeiten »du selbst sein« und »dein Gegenüber erreichen«.

Du selbst sein

Was heißt es, »du selbst zu sein«? Für uns bedeutet es, sich zu spüren, zu fühlen, was stimmig ist, was nicht stimmig ist. Du bist dir selbst und deinen Werten treu. Du sagst Nein, wenn du ein Nein fühlst. Du selbst zu sein heißt, frei zu sein.

In seiner Antrittsrede als Präsident hat Nelson Mandela 1994 aus dem Buch von Marianne Williamson »Rückkehr zur Liebe: Harmonie, Lebenssinn und Glück durch ›Ein Kurs in Wundern‹« zitiert:

Unsere tiefste Furcht ist nicht die,
unzulänglich zu sein.
Unsere tiefste Furcht ist, kraftvoll zu sein,
jenseits aller Vorstellungen.
Es ist unser Licht, nicht unsere Dunkelheit,
das uns am meisten schreckt.

Wir fragen uns, wer bin ich denn schon,
brillant, großartig, begabt, fabelhaft sein zu wollen?
Und doch, was fällt uns ein, dies nicht zu sein?

Unser Klein-Spielen hilft der Welt nicht.
Es ist nichts Erleuchtetes daran, uns klein zu machen,
nur damit andere sich in unserer Gegenwart
nicht unsicher fühlen.

Wir sind geboren, um das Licht,
das in uns ist, sichtbar werden zu lassen.
Dieses Licht ist nicht nur in einigen von uns,
es ist in jedem von uns.
Sobald wir unser Licht scheinen lassen,
geben wir unbewusst anderen die Erlaubnis,
es auch zu tun.

Sobald wir von unserer Furcht befreit sind,
befreit unsere Präsenz automatisch
auch die anderen.

Erlaube es dir und somit auch anderen, ein Leuchtturm zu sein.

Ein Mensch und Mentor begleitet mich schon zwei Jahrzehnte – Kurt Tepperwein. Er wurde 1932 in Lobenstein geboren, widmete sich nach langjähriger Unternehmensberater- und Heilpraktikertätigkeit ganz dem Mysterium des Lebens. Als Bewusstseinsforscher, Seminarleiter und Autor ist es seine Aufgabe, sein allumfassendes Wissen sowie seine wertvollen Erkenntnisse mit den Menschen zu teilen. Zahlreiche Bücher, DVDs und CDs hat er veröffentlicht und erreicht Millionen von Menschen.

In dem Interview, das ich mit Kurt Tepperwein führen durfte und das im Herbst 2020 auf YouTube erschien, ging es um Bewusstsein und Business. Kurt Tepperwein brachte das Beispiel des Bauern, der sich darüber im Klaren ist, was er ernten will, und dementsprechend sät.

Du setzt immer Ursachen mit deiner Energie, mit deinem Sosein, und erzielst entsprechende Wirkungen. Dein Sosein kannst du jederzeit ändern. Gefühlte Freude, Dankbarkeit und Erleichterung, dass bereits Erntezeit ist, setzen die richtige Ursache – verbunden mit dem Glauben, dass es möglich ist.

Dein Gegenüber erreichen

Unter der Formulierung dein Gegenüber erreichen verstehen wir, dass du du bleibst und so dein Gegenüber erreichst. Du bist verbunden mit dem Menschen, mit dem Gegenüber.

Du sprichst eine klare Sprache, setzt Ich-Botschaften ein und bist empathisch. Ein Ich, ein Du und ein Wir. Ein vertieftes Erreichen deines Gegenübers geht über die Herzensebene.

Meine Story: Die leichte Exotin zieht in ein fremdes Land

Du selbst sein und dein Gegenüber erreichen – an dieser Stelle erzähle ich gern meine Story, als ich 2016 als Österreicherin und damit leichte Exotin in die Schweiz kam. Am 6. August 2016 zog ich, auf Schweizerdeutsch zügelte ich, in die Schweiz und hatte kaum Kontakte. Viele sagten mir, dass es sehr schwierig werden würde, sich in der Schweiz zu integrieren. Schweizer seien unter sich – reserviert. Geschäftsbeziehungen aufzubauen, das sei fast unmöglich. Ich sah mich mit vielen Vorurteilen gegenüber der Schweiz konfrontiert.

Ein paar Tage, bevor ich in die Schweiz aufbrach, feierte ich mit meinen Freunden den Beginn des neuen Lebensabschnitts. Beim Heurigen in Wien mit Buffet, Wiener Schnitzel mit Kartoffelsalat und Preiselbeermarmelade sowie einem Gläschen Wein. Bei diesem Anlass bahnten sich einige Meinungen und gut gemeinten Ratschläge Raum:

- »Du hast doch hier einen tollen Job in Österreich.«
- »Bist du dir sicher, dass das das Richtige für dich ist?«
- »Dir geht es doch gut hier, du hast doch hier alles. Was willst du mehr?«

Es gab auch Menschen, die mein Strahlen spürten, als ich von meinen neuen Plänen erzählte, und mich bestärkten. Das war schön. Denn mein Innerstes sagte: »Gehe los.« Es war die Liebe zur Schweiz, zu den Bergen, zu den Seen, zur Stadt Zürich. Beruflich, als ich noch in einem großen Konzern im Verkauf gearbeitet hatte, war ich öfter in der Schweiz. Es erschien mir immer wie ein Traum, hier zu leben. »Träume nicht dein Leben, lebe deinen Traum« ist mein Motto und daher handelte ich.

Es brauchte damals viele Anläufe, bis es mit einem neuen Job in Zürich klappte. Der Zufall wollte es so. Oder gibt es überhaupt Zufälle? Ich sage gerne: Etwas fällt zu, wenn es fällig ist. So blieb ich dran, lernte einen Schweizer Geschäftsmann in Wien kennen, der mich mit einem österreichischen Unternehmer aus der IT-Branche vernetzte, der in der Schweiz expandieren wollte.

Die Zeit für einen Wechsel war reif. Ich kam in Zürich an und war zutiefst entschlossen, mich in der Schweiz zu integrieren. So habe ich aktiv den Kontakt zu Schweizern und Menschen, die hier lebten, gesucht.

Ein Schwiizer oder Schwyzer (Schweizer auf Schweizerisch) hat mir zu Beginn erklärt: Reserviert zu sein, das heißt, dem anderen Raum zu geben, ihm zuzuhören und ihm Fragen zu stellen.

Dieser Ansatz, diese Haltung gefiel mir sehr. Mein Gegenüber hat mich erreicht. Wie schön! Ich spürte, ich bin willkommen. Raum zu geben ist etwas sehr Proaktives. Ein anderer Schweizer sagte zu mir: »Das Einzige, was du brauchst, ist, dass du dir selbst Raum gibst.« Diesen Satz habe ich erst viel später, auf einer tieferen Ebene, verinnerlicht und integriert.

»Raum geben, sich selbst und anderen« ist eine Haltung und Lebensweise von unglaublicher Qualität, leider wird das Potenzial, das darin steckt, von den wenigsten Menschen gesehen.

Gedanken sind wie Samen – mit der Einstellung beginnt es

So besuchte ich einen Züritüütsch-Kurs und saß ich in der ersten Reihe, der Streberbank in der Kantonschule Hottingen. Die ganze Schulzeit saß ich nicht ganz vorn; dafür musste ich wohl erst nach Zürich ziehen. Parallel hörte ich viel Radio, um Schwyzerdütsch gut verstehen zu lernen. Unter »gost go poschte« habe ich damals etwas ganz anderes verstanden. Ich nahm an, dass die Schweizer oft zur Post gingen. »Gost go poschte« heißt allerdings einkaufen gehen. Wenn ich diese Anekdote heute noch erzähle, lachen wir alle, Schweizer wie Nichtschweizer. Außerdem lernte ich, dass es kein scharfes »s« in der Schweiz gibt. Seitdem nutze ich nur noch das Doppel-S. Ausnahme sind Bücher, die für den gesamten deutschsprachigen Raum, wie dieses, bestimmt sind.

Ich bemühte mich Schwyzerdeutsch zu sprechen, es wollte allerdings nicht so klappen. Daher blieb ich dann bei meinem österreichischen Dialekt, einem Mix aus Oberösterreichisch und Wienerisch. Schwyzerdeutsch zu sprechen wäre wohl nicht authentisch gewesen.

Die Situation blieb zunächst gleich: Ich hatte kaum Kontakte. Das wollte ich ändern und begann, auf den Social-Media-Plattformen XING und LinkedIn zu recherchieren, welche Networking-Events es vor Ort gab. Dann besuchte ich ebenso Netzwerktreffen in Basel, Luzern, Bern, Zug. Ich öffnete mich den neuen beruflichen Möglichkeiten.

Mein allererstes Networking-Event, da war ich gerade erst einen Monat in der Schweiz, fand in Zug, einer mittelgroßen Stadt etwa dreißig Kilometer von Zürich entfernt, statt. Ich war aufgeregt. Visitenkarten hatte ich mit. Ich setzte auf ein Lächeln zu Beginn – damit konnte man bestimmt nichts falsch machen. Ich wollte auch nicht suchend herumlaufen und stellte mich deshalb an einen Stehtisch. Nachdem ich mir einen Kaffee geholt und Augenkontakt mit anderen Netzwerkern gehalten hatte, war ich erleichtert, wie schnell sich Gespräche entwickelten. Mit interessanten Kontakten habe ich das Gespräch bei einem weiteren Austausch vertieft. Heute bin ich noch mit einigen in Kontakt – von genau diesem allerersten Networking-Event. Mit einem davon ist sogar eine langfristige Geschäftsbeziehung entstanden. Meine allerersten Kunden als Selbstständige in der Schweiz gewann ich über Empfehlungen und erkannte dadurch, wie das Netzwerken hier in der Schweiz läuft. Bei den Networking-Events habe ich mich vor Ort bekannt gemacht, Visitenkarten ausgetauscht und anschließend virtuell vernetzt.

Bittere Enttäuschungen im Business

Offenheit braucht es, wenn du in ein neues Land gehst. Zu Beginn, im ersten Jahr, war ich noch angestellt, aber seit Juli 2017 bin ich selbstständig tätig. Mein Fokus liegt seit 2022 im Immobilienbusiness. Du kannst dir vorstellen, dass niemand auf dich wartet oder auf deine Dienstleistungen. In der Schweiz brauchst du zudem mehr als anderswo wirklich ein solides

Beziehungsnetz, das du zu Beginn deiner unternehmerischen Tätigkeit aber schlichtweg nicht hast. Ich bin immer schon ein sehr positiver Mensch gewesen. Dies hat sich auch nach vielen Enttäuschungen nicht geändert. Gelernt habe ich allerdings vieles, auch über mich. Es gab Geschäftssituationen, aus denen ich mich klar verabschieden musste, weil meine Werte mit denen der Geschäftspartner nicht übereinstimmten.

Meine Co-Autorin Susan schreibt in ihrem Teil noch mehr über Werte. Ehrlichkeit, Transparenz und Wertschätzung sind meine wichtigsten Werte. Nicht ohne Grund vertrete und lebe ich die Philosophie: Business mit Herz und Wissen.

Hier ein Beispiel, das zeigt, warum es wichtig ist, für die eigenen Werte einzustehen: Ich war in eine Geschäftssituation involviert, in der das Wort nicht gehalten wurde. Es gab also keine schriftliche Vereinbarung und auf mündliche Absprachen konnte ich mich nicht mehr verlassen. Ich erkannte zudem, dass nicht offen über aufkommende Probleme gesprochen wurde. Vielmehr zog sich mein Gegenüber zurück, ohne auf meine erneute Ansprache zu reagieren. Dieses Verhalten entsprach nicht meinen Werten, denn ich bin stets der Meinung, dass Geschäftspartner immer miteinander sprechen und Unstimmigkeiten klären können.

Viele Monate später bestätigte sich meine Intuition. Es entstand eine Situation, in der mir die Schuld für das Scheitern eines Projektes zugewiesen wurde. Ich hatte viel Zeit und Herzblut in die Projekte investiert und wusste dann damals im ersten Moment überhaupt nicht weiter. Es tat weh, es schmerzte, ich war sehr enttäuscht und bezahlte mitten in der Pandemie auch finanziell ein hohes Lehrgeld. Das Ärgerliche: Mein Bauchgefühl hatte mir von Anfang an mitgeteilt, dass etwas mit dem strategischen Geschäftspartner nicht gestimmt hatte. Ich hatte nicht darauf vertraut, nicht auf mich gehört. In der Konsequenz durfte ich genau diese Umwege machen und Lebenserfahrung sammeln.

Es war also höchste Zeit, wieder ich selbst zu sein – zu hundert Prozent. Auf mich zu hören, auf meine Intuition, auf mein Bauchgefühl, was für mich stimmte und was nicht. Mir einzugestehen, dass ich mich getäuscht hatte, dass die Geschäftspotenziale doch rosiger dargestellt worden waren, als sie tatsächlich waren. Das war bitter.

Doch genau dann ist der beste Zeitpunkt, dir selbst zu vergeben, die Geschichte als eine Enttäuschung anzuerkennen, zu sehen, was tatsächlich ist – weg von der Täuschung hin zur Klarheit. Das Geschehene als Erfahrung zur Weiterentwicklung zu sehen und als eine Lebenserfahrung abzuschließen. Das sind dann Momente im Leben, in denen du entscheiden kannst, ob du weiter mit offenem Herzen auf die Menschen zugehst oder ob du dich verschließt und keinem Mitmenschen mehr traust. Ich entschied mich, weiter offen zu bleiben für neue Begegnungen mit neuen Menschen.

»Du vergibst für dich, weil es dich befreit. Es ermöglicht dir, dem Gefängnis zu entkommen, in dem du dich befindest.«

Louise Hay (1926–2017), US-amerikanische Autorin

Schon lange vor der Pandemie und dem Scheitern dieses Projektes nutzte ich LinkedIn intensiv. Seit 2018 erstelle ich regelmäßig Content. Ich war auch Gastgeberin von #LangLiveTV, dem Online-Auftritt in den sozialen Medien. Hier gebe ich auch gerne anderen Menschen eine Bühne. Über achtzehntausend Menschen folgen heute meinem Profil auf LinkedIn. Ich bin dankbar für jeden Einzelnen. Es ist unmöglich, alle Nachrichten zu beantworten, und es ist wichtig, den Fokus zu halten und sich seine persönlichen Ressourcen und die eigene Energie einzuteilen, sodass meine Kunden und ich zufrieden sind. Jetzt hilft es mir sehr, dass ich mir und meinem Bauchgefühl vertraue.

Die drei wichtigsten Learnings aus meiner Story

1 Ich selbst zu sein gibt mir Sicherheit und Vertrauen. »Die Freude ist mein Kompass.« Nur ich selbst kann letztendlich entscheiden, was sich für mich stimmig anfühlt und welche Entscheidungen ich treffe. Ich selbst bin es, die Verantwortung übernimmt für meine Entscheidungen, und wenn sich eine Tür schließt, öffnet sich die nächste.

2 Ich erkannte, wie wichtig es ist, dass ich mich klar ausdrücke, in Botschaften, die konstruktiv und positiv formuliert sind. Ich sagte nicht, was ich nicht möchte, sondern brachte zum Ausdruck, was ich möchte. Das ist elementar, denn das Unterbewusstsein kennt das Wort nicht nicht. So bin ich noch bewusster geworden mit meinen Gedanken, Worten und Handlungen. Diese Erkenntnis ist ein Riesengeschenk für mich, das ich ohne die vermeintlichen Fehler nicht erhalten hätte.

3 Ich gab mir selbst das Versprechen, für mich selbst der wichtigste Mensch zu sein. Mit aller Fürsorge und Liebe, die es braucht. Ich kann darauf vertrauen, dass sich die richtigen Menschen finden, wenn ich mich selbst achte und wertschätze. Mir selbst treu zu bleiben, meinen Werten – dies gibt mir eine klare Handlungsorientierung, Sicherheit und Stabilität. Ich vergleiche diese Vorgehensweise gern mit einem Baum, dessen Wurzeln wie Werte sind. Diese Wurzeln sind stark in der Erde verankert. Es kann stürmen und toben, du bist sicher und stabil – und wächst und wächst. Bäume erinnern mich immer an diese Stärke – Bäume sind mein Anker.

Im Laufe der Zeit habe ich mich nach und nach besser kennengelernt und mich selbst gestärkt, auch durch Affirmationen. Affirmationen sind stärkende, positive und einfach formulierte Sätze.

An dieser Stelle teile ich die für mich kraftvollsten mit dir:

Affirmationen – Du selbst sein	**Affirmationen – Das Gegenüber erreichen**
Ich liebe mich – ich liebe mich wirklich.	Ich bin ich selbst und erreiche mein Gegenüber.
Ich bin in Sicherheit.	Ich drücke mich klar und verständlich aus.
Ich bin es mir wert.	Ich fühle mich verstanden.
Ich bin im Urvertrauen.	Ich bin umgeben von verantwortungsvollen Menschen.
Ich vertraue mir selbst.	Ich bin in einem wertschätzenden Arbeitsumfeld.
Ich bin achtsam.	Ich bitte um Hilfe und nehme diese dankend an.
Ich achte meine Grenzen.	Ich gebe und empfange.
Ich bin wunderbar.	Ich schließe mit anderen erfolgreiche Projekte ab.
Ich bin geführt.	Ich erlebe Freude im Miteinander.
Ich respektiere mich voll.	Meine Ecken und Kanten machen mich liebenswert.
Ich bin im Einklang.	Ich entdecke das Verbindende.
Ich bin ich selbst.	Ich bin offen für andere Meinungen.
Ich bin verbunden.	Ich bin aufrichtig interessiert.

Was passiert, wenn du nicht bewusst reagierst und nicht du selbst bist?
Dann bist du in einer Situation, die dir vielleicht schon lange nicht mehr guttut. Deine Energie wird weniger und weniger. Der Körper zeigt es dir, die Konzentration sinkt, du bist nicht in deiner wahren Kraft, in deiner Superpower. Du verbiegst dich, zweifelst mehr und mehr an dir, trägst Groll und Wut in dir, fühlst dich hilflos und ohnmächtig. Du wirst als nicht integer von deinem Umfeld wahrgenommen, weil du nicht nach deinem Innersten handelst, nicht nach deinen Werten. Du schneidest dich von dir selbst ab. Wenn du dich von einer negativen Situation zwar löst, aber noch die negativen Energien mitträgst und die Schuld weiter anderen zuweist und dich als Opfer siehst, dann blockierst du dich. Du bist nicht offen für neue Möglichkeiten und Chancen in der Geschäftswelt, im gesamten Leben. Dann handelst du nicht proaktiv. Dann verfällst du vielleicht auch in Aktionismus. Es fühlt sich anstrengend und getrieben an, und du brauchst ein Ventil, um den ganzen Druck rauszulassen, nicht selten über Schuldzuweisungen. Bin ich nicht proaktiv, dann wähle ich Wörter aus, die nicht förderlich sind – »ich muss« und »ich sollte« gehören dazu. Dieses Vorgehen suggeriert uns selbst immer ein gewisses Schuldgefühl. Vielleicht gibst du selbst dir noch ständig Schuld oder fühlst dich schuldig.

»Die Sonne ist nicht schuld daran, wenn der Blinde seinen Weg nicht sieht.«

Kurt Tepperwein (*1931), deutscher Autor und Unternehmer

Dann hast du vielleicht noch nicht erkannt, dass du ein Geschenk für diese Welt bist.

Wie können wir nun unser Wir-selbst-Sein neu entdecken, erkennen und nutzen?
Das schaffen wir, indem wir unsere Wurzeln kennen, wissen, woher wir kommen, spüren, was das Herz höherschlagen lässt, was die eigenen Werte sind, wahrnehmen, was uns Freude macht – wertvolle Zugänge zu uns selbst zu finden und mit uns im Einklang zu sein.

Ich habe selbst schon lange Mentoren an meiner Seite, die mich begleiten, sodass ich mehr und mehr erkenne, wer ich bin, was mich ausmacht – was für mich stimmt. Mit jeder neuen Erfahrung erkenne ich mehr.

»Denke und handle so, dass dir niemals die Achtung vor dir selber verloren geht.«

Kurt Tepperwein (*1931), deutscher Autor und Unternehmer

Vielleicht möchtest du dir die Zeit nehmen und etwas über dich schreiben? Was zeichnet dich aus, wenn du du selbst bist?

Jede Geschichte ist anders. Ich teile hier eine meiner Geschichten mit dir, die ich während der Pandemie im Jahr 2020 geschrieben und veröffentlicht habe.

Wurzeln und Verbindungen

Mein roter Faden ist kein Faden, sondern eine, nein, mehrere Brücken. Verbinden – das ist mein Lebensthema. Und das tue ich, seit ich denken kann. Unterschiedliche Menschen, unterschiedliche Welten, unterschiedliche Themen. Spiritualität und die Überzeugung, dass wir unsere innere Zufriedenheit selbst erschaffen, verbinde ich mit dem gesunden Geschäftssinn als Unternehmerin. Den Großkonzern sowie die Einzelunternehmerin mit dem Dienstleister, technisches Know-how mit den passenden Kundenbedürfnissen. Ich verbinde meinen Kindheitsort Wels in Oberösterreich mit dem der Andersartigkeit der Wiener und der unendlichen Höflichkeit, Bodenständigkeit, Diskretion und Präzision der Schweizer, die ich so liebe. Meine Heimat ist heute Zürich. Es ist mein Wunschort, und ich bin so gern hier. Am See. In der Stadt. In der Natur. Zu Hause. Und das ist immer meine Intention: Ich führe Menschen zusammen, Menschen unterschiedlichster Herkunft in ihrer Vielfältigkeit – für gute Geschäfte. Wie mache ich das? Mit großer Natürlichkeit. Ich bin, wie ich bin: frisch, fröhlich, gut gelaunt und fachlich kompetent. Dabei bin ich naturverbunden, liebevoll, und mein Herz ist offen für alles, was kommt. Denn meine tiefe innere Überzeugung ist es, dass wir heute mehr emotionale Intelligenz denn je brauchen – in jedem Business.

Die fünf wichtigsten Erkenntnisse aus Kapitel 5

1 Ein Nein ist kein Scheitern. Es macht Platz für ein neues Ja. Ein Nein im Business, ein vermeintliches Scheitern ist nie angenehm, gerade, wenn dir etwas wichtig ist und du viel Herzblut hineinsteckst. Diese unangenehmen Gefühle, diese Angst vorm »Scheitern«, Angst, zu versagen, Angst vor Ablehnung – all diese so unangenehmen Gefühle können stark blockieren. Das ist nicht sexy. Mein Impuls: Was du daraus machst, entscheidest immer du selbst.

Befreie dich erst mal vom Gefühl des Scheiterns, es macht immer Platz für ein neues Ja. Wer beurteilt überhaupt, dass es ein Scheitern ist? Meistens sind wir es selbst. Mut tut gut. Er macht dich stärker, du wächst über deine Ängste, über deine Komfortzone hinaus. Das ist ein Ja zu dir selbst und zu vielem Neuen. Dies macht sich mehr als bezahlt. Dann gehst du auch gelassen mit einem möglichen Nein um, und es warten neue Möglichkeiten auf dich.

2 Sage Ja zur dir selbst, auch wenn es ein Nein für dein Gegenüber bedeutet. Mache gute Geschäfte mit Menschen, mit denen die Werte übereinstimmen, bei denen du ein gutes Bauchgefühl hast. Achte auf Verbindlichkeit und Schriftlichkeit. Sage klar Nein, wenn du nicht übereinstimmst mit Handlungen und Strategien im Business, die gegen deine Grundwerte verstoßen. Stehe einmal mehr auf, als du hinfällst.

Vertraue darauf, dass schon die nächste, viel bessere Möglichkeit auf dich wartet. Du bist es dir wert. Deine Qualitäten kannst du noch mehr zum Strahlen bringen, wenn du in einem Umfeld bist, in dem du dich wohlfühlst und wertgeschätzt bist. Dieses Umfeld kannst du dir erschaffen. Sei es dir wert – sei du selbst.

3 »In der Ruhe liegt die Kraft.« Dieses bekannte Zitat kommt nicht von ungefähr. Wenn die Gedanken und der Körper zur Ruhe kommen, dann tritt Entspannung ein. Dann schaffe ich mir Raum für neue kreative Ideen, kann innehalten und mich im Hier und Jetzt angekommen fühlen. Nicht nur in extremen Situationen wie im ersten Lockdown. Dann ist Ruhe mein ständiger Begleiter. Ich spüre, wann es Proaktivität braucht, wann bewusstes Reagieren. Mir ist bewusst, dass ich die Ruhe in mir selbst generieren kann, unbeeinflusst von äußeren Umständen. Geduld und Zeit sind vonnöten, auch die Langsamkeit und das Vertrauen. Vielleicht kennst du das: Gerade dann, wenn du etwas sehr gerne willst, ist Raumgeben sehr kraftvoll. Auch wenn es nicht immer leicht ist. Kannst du dich an das Reiz-Reaktions-Modell erinnern, das wir dir vorgestellt haben? Du hast immer die freie Wahl, auf eine Situation bewusst zu reagieren. Gib dir diesen Raum.

4 Dankbarkeit ist so mächtig und erweitert meinen Einflussbereich enorm, indem ich mir bewusst bin über alles, wofür ich dankbar bin. Gefühlte Dankbarkeit verändert deine Sichtweise im Leben und gibt dir enorme Kraft für große Herausforderungen. Auch dankbar zu sein für einen scheinbar schlechten Tag lässt uns die guten Stunden wieder umso mehr schätzen. Dein Charisma, deine Ausstrahlung, ändert sich sofort, wenn du mit gefühlter Dankbarkeit durch das Leben gehst. Sie hat einen starken Einfluss, sie bringt dich zum Strahlen. Dankbarkeit zu fühlen hat für mich eine immense Macht. Mir immer wieder bewusst zu machen, für was ich alles dankbar sein darf, lässt mich augenblicklich in einer angenehmen Stimmung sein. Kleine Gesten, Aufmerksamkeiten, ein wertschätzendes Wort, ein Lächeln ..., die Dankbarkeit auszudrücken, das bewirkt viel – bei dir selbst und deinem Gegenüber. Nichts im Leben ist selbstverständlich, auch du selbst nicht. Du bist ein Geschenk. Schön, dass es dich gibt. Danke.

5 Bleibe dir selbst treu. Am Ende des Tages ist es wichtig, dass du dir selbst in die Augen sehen kannst und dir selbst treu geblieben bist. Ganz gleich, wie dein Tag war oder was dir passiert ist. Mache dich frei von dem, was andere von dir denken – wichtig ist, wie du dich selbst siehst.

Viele Menschen sind unzufrieden, weil sie schlecht über sich selbst denken, denn ihre Gedanken erschaffen ihre Realität. Dann projizieren sie auf andere, und Beziehungen leiden darunter. Bist du du selbst, dann erreichst du auch dein Gegenüber.

Tun und wirken – deine Reflexion und eine vertiefende Übung zu Kapitel 5

Nun zu dir. Stelle dir vor, dass du dich emotional frei fühlst, dass du immer du selbst sein kannst, dass du klar kommunizierst, wenn du Zeit für dich brauchst, du dich bedingungslos zugehörig fühlst, dass du vollkommen verstanden wirst, wenn du zum Beispiel ein Problem in der Arbeit mit einer Kollegin hast. Du suchst das Gespräch, und du findest die richtigen Worte, bist proaktiv.

Andere Kollegen respektieren dich – du erfährst tiefe Wertschätzung. Du bist gesehen und weißt, dass du wichtige Aufgaben im Unternehmen erfüllst.

Träumen erlaubt – mein perfekter Arbeitstag. Ich bin ich selbst und erreiche mein Gegenüber

Hast du dir schon mal die Frage gestellt, wie dein perfekter Arbeitstag aussieht? Nicht so viele Menschen bejahen diese Frage. Diese leicht anwendbare vertiefende Übung lässt schlummernde Ressourcen frei werden. Optimismus, Zuversicht, Kreativität und das Erkennen des eigenen Einflussbereiches sind die positiven Wirkungen dieser gefühlten Visualisierungsübung.

Mache dich bereit für den besten Tag deines Lebens.

»Erwarten Sie ein Wunder, und Sie werden es erleben.«

Kurt Tepperwein (*1931), deutscher Autor und Unternehmer

Um dir deinen perfekten Tag zu erschaffen, nimm ein weißes Blatt Papier und einen Stift. Wähle einen Rückzugsort, an dem du dich wohlfühlst, an dem du frei bist. Beginne, für dich aufzuschreiben, wie dein perfekter Tag aussieht. Ein Tag, an dem du deine beste Version von dir selbst lebst. Ein Tag, an dem du dich so richtig wohlfühlst, alles da ist, was du brauchst, alles in Balance ist. Beschreibe diesen Tag von Anfang bis Ende ganz genau – exakt und mit Emotionen aufgeladen, die du fühlen möchtest. Fühle den perfekten Tag. Lasse deinen Gedanken freien Lauf und lasse alle Grenzen los. Ein paar Leitfragen können dich begleiten:

Wo lebst du? In der Stadt, auf dem Land?

Wie fühlst du dich?

Wann stehst du auf?

Wie beginnst du deinen Tag?

Wie kleidest du dich?

In welchen Aktivitäten erlebst du Freude?

Bist du allein oder in Gesellschaft?

Wie viel Zeit verbringst du mit den einzelnen Aktivitäten?

Was ist das Highlight deines perfekten Tages?

Vieles hast du nun gelesen und erkannt. Schön, dass du dranbleibst! Nun geht es über in das nächste Kapitel. Wie befähigst du dich selbst und dein Gegenüber, das seinen Einflussbereich und seine Ressourcen noch nicht entdeckt hat? Dies erfährst du im nächsten Kapitel.

6. Befähige dich selbst und dein Gegenüber

von Alexandra Lang

Wie kraftvoll und wunderbar ist es, voneinander zu lernen! Jeder Mensch bringt einzigartige Qualitäten mit. Wir erkennen, dass wir alle verbunden sind. Ein Licht, eine Kraft, die in uns ist, wie ein Feuer, das sich entfacht und zum Strahlen kommt. Thomas Edison, der berühmte amerikanische Erfinder, beschreibt es in seinem Zitat sehr anschaulich:

»Wenn wir alles täten, wozu wir imstande sind, würden wir uns wahrscheinlich in Erstaunen versetzen.«

Thomas A. Edison (1847–1931), US-amerikanischer Erfinder und Unternehmer

Im vorigen Kapitel ging es darum, du selbst zu sein und dein Gegenüber zu erreichen. Du hast Werkzeuge erhalten, die dich stärken, du selbst zu sein. In diesem Kapitel liegt der Fokus darauf, dranzubleiben und dich selbst und dein Gegenüber zu befähigen.

Unter sich selbst befähigen, verstehen wir, das beste Selbst zu entfalten. Sich frei zu machen, das größte Potenzial zu leben und das Innere zum Leuchten zu bringen.

Meine Story: Die Freude ist mein Kompass

16. März 2020: Lockdown – Schockstarre
Ein Tag, der in Erinnerung bleibt. Im Lockdown erlebte ich als Unternehmerin eine Gefühlsachterbahn. Ein wunder Punkt wurde bei mir getroffen. Nicht zu wissen, wie es weitergeht, keine Kontrolle zu haben über eine noch nie dagewesene Situation – verbunden mit Existenzängsten, die ich bis dato nicht gekannt hatte.

Als ich am 16. März 2020 nach einem Urlaub bei meiner Familie in Oberösterreich in die Schweiz zurückkehrte, war ich ziemlich durcheinander. Ich wäre eigentlich mit dem Zug nach Zürich zurückgefahren, allerdings wurden alle Zug- und Flugverbindungen gestrichen. Keiner wusste so recht, was sich abspielte. Ich hatte Glück und konnte noch eine Fahrgemeinschaft organisieren. In der Früh kam ich in Zürich an. Wenig Schlaf, Sorgen und Ängste beschäftigten mich. Irgendwie fühlte ich mich ohnmächtig.

Ich spürte, dass ich einen Austausch mit jemandem brauchte, der mir weiterhelfen könnte, der mir zuhören würde. So kam mir Susan, meine Mitautorin, in den Sinn. Ich hatte sie damals gerade erst bei einem Netzwerk-Event in Winterthur kennengelernt und spürte sofort eine herzerfrischende Verbindung. Sie war für mich ein Leuchtturm. Sie hatte selbst so viel erlebt, wie du aus Storys in diesem Buch oder vielleicht von LinkedIn weißt. Ich habe Hochachtung vor der Art, wie sie ihr Leben meistert, wie stark sie Eigenverantwortung übernimmt.

Ich hatte den Impuls, sie anzurufen. Es ist so wertvoll, wenn du in einer Situation bist, in welcher du gerade Unterstützung brauchst, diese aktiv suchst und auch annimmst. In solchen Situationen brauchst du Orientierung. Rückzug tut oft gut, auch Meditation, wieder Ruhe finden, um bei all den Schlagzeilen und Nachrichten wieder relaxter zu werden.

Und dann kam mir der Impuls, die Eingebung mit den Interviews. Ich wollte Menschen interviewen, die ich kenne und die auf LinkedIn aktiv sind. Individuen, die gerade schwierige Zeiten meistern, die inspirieren, die Tipps und Impulse geben, die uns helfen können, diese Zeit ein Stück weit besser zu bewältigen. Auf deine Impulse zu hören, bringt dir neue Ideen, die du umsetzen kannst.

Es war ein so einflussreiches Gespräch mit Susan, das mich sehr stärkte. Wir sprachen über unsere Einflussmöglichkeiten, über richtungsweisende und stärkende Fragen. Die bedeutendsten fasse ich zusammen:

- Wie kann ich jetzt proaktiv in dieser Situation handeln?
- Was kann ich jetzt in meinem Einflussbereich tun – mit den mir vorhandenen Ressourcen?
- An wen, an welche Alexandra Lang, mit welcher Energie, möchte ich mich nach dieser Krise erinnern?

Klar war für mich: Ich möchte mich an die Alexandra Lang erinnern, die eine positive Energie und Optimismus verbreitet, die ermutigt, die stärkt, die begleitet. Das Internet und eine Plattform für virtuelle Meetings waren vorhanden, also ergriff ich die Möglichkeit der Interviews und startete.

Ganz gemäß Viktor Frankl habe ich innegehalten und entschieden, wie ich mit der Situation und meinen Gefühlen umgehen wollte. Statt in Ohnmacht bin ich in Handlung gegangen und es entstand eine Interviewserie mit mittlerweile über einhundertdreißig Menschen. Auch tiefgehende Freundschaften und starke Geschäftsbeziehungen entwickelten sich. Ich spürte, dass ich nicht allein bin, sondern verbunden mit anderen Menschen – über das Internet und vor allem von Herz zu Herz. Es hat mir persönlich auch sehr geholfen, immer wieder in der Natur zu sein, Tiere zu beobachten. Die Verbindung mit Menschen, Tieren und der Natur gab mir eine Erdung, Zentrierung, Stabilität und Sicherheit zurück. Für all das bin ich sehr dankbar.

Susan hat mich befähigt, mich ermutigt, mit #LangLiveTV zu starten. Die Freude, die ich bei den Live-Interviews spürte, war und ist mein Kompass. Ich habe mir selbst in starkem Maße erlaubt, Mut zur Lücke zu haben. Ich war keine professionelle Moderatorin, aber meine Absicht war, positive Energie zu verbreiten – über die vielfältigsten Themen hinaus. Menschen Sichtbarkeit zu geben, ihnen eine Bühne zu geben. Wir gingen jeden Mittwoch um 8.00 Uhr für dreißig Minuten live und trafen uns vorher immer einige Minuten backstage.

Für viele Gäste war es ihr erster Live-Auftritt. Es ist großartig, zu beobachten, wie manche Gäste gewachsen sind – und auch ich selbst. Mein Selbstvertrauen wuchs in den letzten Jahren mehr und mehr, sodass ich auch professionelle TV-Moderatoren und Schauspieler wie Andrea Ballschuh und Patrick Dewayne und Persönlichkeiten wie Manuela Leonard und Kurt Tepperwein begrüßen durfte.

Die Feedbacks sind herzberührend. Geplant war das Format nicht, es ist vielmehr aus einer vermeintlichen Krise entstanden.

Das Entscheidende ist, dass selbst die größten Krisen und Wege aufzeigen, wie wir unseren Wirkungsbereich erweitern können. Das gilt nicht nur für uns selbst, sondern auch für unser Umfeld, für Geschäftspartner, Gesprächspartner und wie hier für Interviewgäste. Der Sportwissenschaftler und Motivationsexperte Holger Jungandreas lebt seit Jahren mit der eigenverantwortlichen Grundhaltung »Irgendetwas geht immer!«. Da ist viel dran. Jeder Mensch hat einen eigenen Einfluss- und Gestaltungsbereich. Wir müssen es nur erkennen. Ich werde dranbleiben und auch andere befähigen, ihren Einflussbereich zu erweitern, solange es mir Freude macht.

Übrigens: Für mich wurde in dieser Zeit klar, dass ich mit Susan eines Tages ein gemeinsames Projekt starten würde, und jetzt – zwei Jahre später – haben wir dieses Buch geschrieben, das du gerade liest.

Die drei wichtigsten Learnings aus meiner Story

1 Die wahre Power kommt aus meinem Herzen. Allein bin ich erfolgreich – miteinander sind Menschen enorm erfolgreich. Erfolg bedeutet für jeden etwas anderes. Erfolg bedeutet für mich, dass ich ich selbst bin. Ich weiß, dann ist und wird alles gut, dann bin ich im tiefsten Urvertrauen. Geben, durchlässig sein, Mitgefühl haben, füreinander da sein, bestärken, dankbar und wertschätzend sein – das alles hilft in schwierigen Zeiten sehr. Rückblickend denke ich, dass das Leben vorwärts gelebt und rückwärts verstanden wird, wie schon Søren Kierkegaard erkannte. Außerdem habe ich

erkannt, dass ich nicht immer alles verstehen kann. Oft habe ich früher alles schnell bewertet und viel kritisiert.

Ein wichtiger Einflussbereich sind meine inneren Zustände und meine Emotionen. Mein Ego oder meine Angst wird mich nicht davon abhalten, mich selbst zu befähigen, meine Potenziale zu entfalten und zu leben.

2 Du bist niemals allein. Es gibt immer jemanden, der dir hilft. Frage proaktiv nach bei Menschen, die dir wohlgesonnen sind. Das war für mich beruhigend. Menschen helfen gern, auch mir und dir. Ich war es mir selbst wert, Hilfe anzunehmen, und ich erlaubte mir, nicht perfekt zu sein, mich mit meinen Ecken und Kanten zu zeigen. Ich habe noch mehr erkannt und tief gespürt, dass Menschlichkeit Nähe und Vertrauen schafft. Fehler passieren, und das ist menschlich. Besonders wenn du innovativ und kreativ bist, braucht es auch den Mut zu Fehlern. Nichts Neues zu wagen aus Angst, einen Fehler zu machen, kann schmerzhafter sein, als wenn du später bereust, es nie versucht zu haben. Manche Fehler fallen schwerer ins Gewicht, manche kosten ein Schmunzeln, und bei manchen stellt sich später heraus: »Der Fehler war richtig gut – phänomenal.«

Bei meinen Auftritten im #LangLiveTV habe ich viele Fehler gemacht, ich hatte Mut zur Lücke. Es hat mich frei gemacht, ich selbst zu sein. In einer Live-Übertragung kannst du nicht einfach Sequenzen herausschneiden, in denen du dir selbst nicht gefallen hast. Du hast keine Chance, du kannst nicht immer perfekt sein. Es wurde schon längst übertragen und ausgestrahlt. So lernst du mehr und mehr, anzunehmen – dich, die Menschen, manch unerwartete technische Schwierigkeiten. Schon lange vorher hatte ich aufgehört, Menschen zu verurteilen oder zu bewerten: Das hat mir selbst die Angst genommen, bewertet zu werden. Diese Haltung hat mich selbst sehr frei gemacht.

3 Zu Pandemiezeiten spürte ich meine Verletzlichkeit und Stärke zugleich so intensiv und bewusst, wie nie zuvor in meinem Leben. Die immer stärker werdende Eigenverantwortung hat mir sehr geholfen, in einer positiven Energie zu bleiben, das Beste aus der anspruchsvollen Situation zu machen und auch proaktiv nach Hilfe zu fragen.

Dich selbst zu befähigen hat sehr viel mit der Wertschätzung dir selbst gegenüber zu tun. Du befähigst dich selbst, indem du dir selbst Wertschätzung schenkst. Es ist so entscheidend. Ich selbst habe erfahren, wie stark sich die innere Wertschätzung im Außen spiegelt. In die eine wie in die andere Richtung. Typische Beispiele bei mir ist meine Art der Kundengewinnung und die Preisgestaltung meiner Services. Als selbstständige Unternehmerin habe ich gelernt, wenn du dich selbst schätzt, befähigst du dich selbst:

- Du stehst zu den Preisen, zu dem Wert deiner Services.
- Du erkennst deinen Mehrwert, den du erschaffst.
- Du weißt, du bist wertvoll, auch wenn einmal ein Tag weniger produktiv ist.
- Du erkennst, dass dein Wert in Wahrheit frei von Bedingungen ist. Dein Selbstwert bestimmt sich nicht aus irgendeiner Topleistung. Du bist wertvoll, weil du es bist.
- Du bist wertvoll – so oder so.

Fünfzehn Schritte, wie du dich selbst befähigst und dein Gegenüber erreichst

Sich selbst befähigen hat viel damit zu tun, wie wir auf uns selbst schauen. Wenn wir uns als wertvoll empfinden, unsere Bedürfnisse, Gefühle und Werte ernstnehmen, dann werden wir als Persönlichkeit wachsen. Das Vertrauen in uns selbst bestimmt in hohem Maße, wie wir auf andere wirken. Das gelingt, wenn wir uns trauen, uns auf uns selbst einzulassen. In der Pandemie hatte ich Zeit, mich mit mir selbst auseinanderzusetzen, denn so viele Ausgehmöglichkeiten gab es ja nicht. So ging ich nach Innen und habe die Antworten für mich gesucht und gefunden. Antworten, die mich selbst befähigen, mein bestes Selbst zu leben. Zu bereuen, ein Projekt niemals versucht zu haben, das mir am Herzen liegt, würde in mir die größte innere Unruhe auslösen.

Vielleicht kannst auch du etwas aus den folgenden Punkten für dich mitnehmen:

1. Habe Visionen, die dich im Innersten berühren
Dort, wo du Freude spürst, dort, wo dein Herz aufgeht, dort liegt eine große Kraft, dort ist dein Weg. Stelle dir die beste Version von dir selbst vor, nimm sie wahr, lasse dich davon berühren.

2. Habe smarte Ziele, die dich ankommen lassen
Zielklarheit befähigt dich selbst, indem du dir spezifische, messbare, attraktive, realistische und terminierte Ziele setzt. Der Weg dorthin, die Reise zum Ziel ist an sich schon besonders. Ist es ein Ziel, das dem Herzen entspringt, dann fühlt es sich auch so an, als seist du angekommen. Ein beruhigendes Gefühl stellt sich ein.

3. Höre auf dein Herz und dein Wissen
Freude, Begeisterung, Mitgefühl kommen aus dem Herzen, aus dem Inneren. Höre darauf und vertraue darauf, dass dir all das Wissen zur Verfügung steht, das du brauchst.

4. Glaube an dich – erweitere stets deine Grenzen
Du befähigst dich enorm, wenn du lernst, mehr und mehr an dich zu glauben, und Schritt für Schritt ins Tun kommst. Beginnst du jetzt, dann hast du morgen schon mehr geschafft, als du heute dachtest, dass möglich ist.

5. Achte auf deine Gedanken und deine Worte
Gedanken werden zu Worte und diese zu deinen Handlungen. Übe dich in positiven Gedanken, ersetze negative sofort mit positiven, und wenn es mal nicht gelingt: annehmen, wie es gerade ist, beobachten und sein lassen.

6. Sei voll sympathisch – verbinde dich

Sympathisch sein schafft Verbindungen. Finde die Gemeinsamkeiten mit den Menschen, entdecke etwas, das dir an deinem Gegenüber gefällt.

7. Ruhe in dir selbst – übe dich darin

Finde Möglichkeiten, die dir Ruhe geben. Nimm dir diese Auszeiten, lasse dich darauf ein. In der Ruhe finden sich die besten Antworten und kommen die kreativsten Einfälle.

8. Liebe dich selbst – ja, alles an dir

Sei du selbst, nimm dich so an, wie du bist, mit allem, was du bist. Alle Seiten, Ecken und Kanten, auch alle Gefühle. Im Fühlen und Annehmen der Gefühle, wie sie sind, liegt der Schlüssel zur Selbstliebe, zur Selbstbefähigung. Wenn dir das Lieben noch zu stark ist, dann versuche es mit dem Mögen fürs Erste – das ist auch schon viel.

9. Hilf gerne und lasse dir auch helfen

Helfen gibt dir selbst ein gutes Gefühl, denn du kannst deine Qualitäten einsetzen. Du wirst gebraucht mit deinen Fähigkeiten. Andere Menschen helfen auch gerne. Lasse es zu und lasse dich darauf ein. Dann schafft ihr eine Win-win-Situation. Der eine freut sich, dass er helfen kann, der andere freut sich, dass ihm geholfen wird.

10. Schaffe dir ein wertschätzendes Umfeld

Umgib dich mit wohlwollenden Menschen, mit Menschen, die dich schätzen. Schätze dich selbst, dann schaffst du dir auch ein entsprechendes Umfeld.

11. Sei dankbar – lebe in der Fülle

Übe, dankbar zu sein für das Leben, das dir geschenkt wurde, für all die menschlichen Erfahrungen, die du machen darfst. Eine Situation kann noch so ausweglos erscheinen – Dankbarkeit hilft dir, dich darauf zu besinnen, was alles gut und schon vorhanden ist.

12. Habe Spaß und Freude – gönne es dir
Lachen und Spaß haben erleichtert angespannte Situationen. Es gibt sogar Lachyoga. Ein Lächeln ist meist ansteckend. Zu wissen und zu fühlen, was dir Freude macht, ist mehr als Gold wert. Nimm dir die Zeit für freudvolle Tätigkeiten, denn es erfreut auch dein Gegenüber.

13. Das Glas ist halb voll – sei positiv
Es liegt in deinem Einflussbereich, so eine Perspektive einzunehmen, dass du das Positive sehen kannst, und es wird sich gleich anders anfühlen. Irgendwann braucht es keine Einteilung mehr in Positiv oder Negativ. Die Bewertung fällt weg, und es ist, wie es ist.

14. Übernimm Eigenverantwortung für dich selbst – sei Schöpfer deines Lebens
Bleibe bei dir, erkenne deinen Einflussbereich, kümmere dich proaktiv darum und erschaffe dir das Leben, dass du leben möchtest. Das Leben ist immer für dich.

15. Lasse Emotionen fließen
Alle Emotionen dürfen sein, denn es ist wichtig, alles zu fühlen, auch die unangenehmen Gefühle. Das ist Lebendigkeit.

Mache dich auf den Weg.

In Momenten, in denen ich diese Selbstbefähigung brauchte, wenn ich mich unsicher fühlte oder Versagensängste hatte, habe ich mir immer wieder Notizen gemacht, denn ich schreibe jeden Tag in mein Tagebuch. Gerne teile ich diese:

Schritt für Schritt ...
- Geh los.
- Folge deinem Herzen.
- Eines nach dem anderen.

- Glaube stets an dich. Alles ist da.
- Erlaube dir, zu empfangen.
- Ja. Mach dich auf den Weg und setz dich für deine Träume ein.

Erinnere dich bei allen Schritten daran, dass dich dein Atem trägt. Der Atem ist ein so wertvolles Werkzeug, das dich sofort in dem Moment befähigt. Wie in diesem Augenblick. Ich sitze hier auf meinem Schreibtisch, schaue auf meine Terrasse, auf das Hochbeet, auf die Sonnenblume. Ich spüre meinen Atem, jeden einzelnen Atemzug nehme ich wahr. Die Fenster sind geöffnet, gerade fährt ein Zug vorbei, und in diesem Moment hält er an. Jetzt höre ich die Autos. Es ist Sommer, und die Temperaturen sind noch sehr hoch. Ein leichtes Lüftchen geht, die Sonnenblume bewegt sich leicht, auch die einzelnen Blätter. Soeben habe ich den Moment bewusst wahrgenommen, habe beobachtet. Es gibt keinen Raum für Gedanken, ich bin voll da – im Hier und Jetzt.

Nehmen wir die Momente noch bewusst wahr? Oder sind wir nur mehr getrieben, weil wir hier und dort mitmachen, dort in Turbogeschwindigkeit hinwollen, keine Zeit mehr haben, um innezuhalten?

Das ist ein hochaktuelles gesellschaftliches Thema. In diesem Buch geht es uns um Eigenverantwortung, das heißt, dass du selbst dafür Sorge trägst, dass es dir gut geht, dass du dich wohlfühlst, dich befähigst.

Wenn wir uns wieder auf das Jetzt besinnen, kann es uns in eine Ruhe bringen, nach der wir uns doch oft manchmal sehnen. Eine innere Kraft, die entsteht. Für das, was da noch kommt ... Momente, die wir wahrnehmen dürfen. Entscheidend ist der Moment, das Jetzt. Das ist Befähigung pur für dich selbst – und für dein Gegenüber.

Die fünf wichtigsten Erkenntnisse aus Kapitel 6

1 Die herzerfrischenden Verbindungen mit den Menschen sind es, die unser Leben bereichern, die uns lernen lassen, die uns zu uns selbst führen, die uns Bedeutendes erkennen lassen, die uns Mut machen. Menschen, die uns zur Seite stehen, wenn es gerade auch mal sehr herausfordernd ist, die an uns glauben, die dir von Herzen nur das Beste gönnen. Vielleicht auch manche, die uns etwas spiegeln. Menschen, die dein Leben schlichtweg bereichern. All diese Verbindungen mit den Menschen befähigen dich und gleichzeitig andere, weil wir alle voneinander lernen dürfen.

2 Im Annehmen (auch von Hilfe) liegt eine immense Power. Hier liegt wahrlich eine große Kraft. Es schafft Ressourcen und Raum für das, was du direkt ändern kannst. Selbst um Hilfe zu bitten signalisiert Mut, Selbstverantwortung, Wertschätzung und auch große Stärke. Es macht das (Berufs-)Leben flexibler, leichter, erfolgreicher – es macht viel mehr Freude.

3 Selbstvertrauen ist ein Grundpfeiler in deinem Leben. Du bist genug – genau so, wie du bist. In dir selbst ist so viel Kraft, Macht, Inspiration und Innovation. Du bist einzigartig: Kein Mensch auf der Welt hat die Qualitäten in dieser präzisen Form, wie du diese hast. Ist dir das bewusst? Leider geraten diese inneren enormen Potenziale und Qualitäten oftmals in Vergessenheit oder dürfen erst noch so richtig an die Oberfläche emporsteigen. Entdecke deine Fähigkeiten.

In der Geschäftswelt braucht es manchmal neue Anläufe, neue kreative Wege oder neue Inspiration. Step by step – never give up. Innovation ist gefragt und entsteht oft, wenn du nicht damit rechnest. Sie ergibt sich. Diese Erfahrungen in sehr herausfordernden Zeiten schenken Kraft und vor allem Vertrauen in das gesamte Leben.

4 Ziele und Visionen zu haben gibt mir eine wertvolle Orientierung. Es lässt mich erkennen, wer ich wirklich bin, was mein Herz höherschlagen lässt. Der Gedanke daran, an welche Person ich mich eines Tages zu-

rückerinnern möchte, lässt mich den nächsten Schritt tun. Freude ist mein Kompass und führt mich vertrauensvoll durch das Leben. Das, was ich als Kind schon gern gemacht hatte, durfte ich wiederentdecken und zur Entfaltung bringen. Ich habe es immer geliebt, als Kind alle Nachbarskinder zusammenzutrommeln, Schule zu spielen, Lehrerin und Schülerin zu sein. Menschen wie meine Oma habe ich schon damals interviewt – noch auf Kassette aufgenommen. Ich kam mir vor, als wäre ich eine Reporterin. Auch Mutter-Vater-Kind zu spielen, zu träumen, etwas zu basteln oder Freundschaftsbänder zu knüpfen und an die Leute zu bringen – im gegenseitigen Austausch zu sein. Ich habe es auch geliebt, im Herbst Kastanien zu sammeln – allein, ganz bei mir zu sein, an der frischen Luft und immer in der Nähe von Bäumen. Was du schon als Kind geliebt hast, befähigt dich selbst enorm und dein Gegenüber.

5 Wenn ich etwas Neues starte, ist immer ein Verlassen der Komfortzone notwendig. Ein Einlassen auf etwas Unbekanntes, das kann manchmal Angst machen. Aber es sind nur Gedanken – lasse sie wie Wolken weiterziehen. Auch dieses Buch, das du gerade liest, ist das allererste, das Susan und ich schreiben. Wir unterstützen und begleiten uns, befähigen uns gegenseitig.

Du weißt jetzt, wie du dranbleibst. Du hast verstanden, was es braucht, um dich jeden Tag zu befähigen. Nutze dein Netzwerk, mit dem du deinen Einflussbereich erweiterst. Befähige dadurch andere, die sich vielleicht noch nicht über ihre Fähigkeiten und Qualitäten bewusst sind. Mit den richtigen Beziehungen kommst du auch stark aus Krisen heraus.

Tun und wirken – deine Reflexion und vertiefende Übung

Nun zu dir. Wie beantwortest du die folgenden Fragen im Kontext von Geschäftsbeziehungen?

Wie befähigst du dich selbst? Was kannst du proaktiv machen? Was ist der erste Schritt?

Wie kannst du andere befähigen, ihre Qualitäten zu erkennen und sie zu nutzen?

Erinnere dich mal zurück: Was hast du gerne als Kind gemacht?
Ich habe es immer geliebt ...

Ich habe auch gern ...

Nun geht es im nächsten Kapitel darum, wie ihr im Team mit den Vorteilen von Eigenverantwortung vorankommt.

Teil 3: Erlebe die Vorteile der Eigenverantwortung im Team – gemeinsam wirken

7. Welche Möglichkeiten haben wir?

von Susan Omondi

Menschen sind in ihrem Dasein aufeinander angewiesen. Oder sind wir abhängig voneinander? Haben wir dadurch automatisch mehr Möglichkeiten?

Wenn Babys auf die Welt kommen, sind sie von den Eltern abhängig. Mit der Zeit werden Kinder immer selbstständiger. Als junge Erwachsene möchten wir auf eigenen Beinen stehen und unabhängig und frei sein. Wir streben danach selbstwirksam zu sein und wollen die Welt beherrschen und kontrollieren können. Dieses ist ein psychologisches Grundbedürfnis, das jeder Mensch hat. Neben anderen Bedürfnissen wie Zugehörigkeit und Anerkennung natürlich.

In jeder Situation des Lebens ist das Streben von Unabhängigkeit die höchste Form der Freiheit. Du erinnerst dich: die Wahl zwischen Reiz und Reaktion zu nutzen, damit deine Emotionen und Glück nicht von der Stimmung anderer abhängen? Das ist wahre Freiheit.

Freiheit heißt aber nicht, dass wir allein besser sind. Der Mensch ist von seiner Natur ein soziales Wesen. Er ist mehr ein Rudelwesen als der einsame Bär, der durch die Wälder streift. Wir brauchen ein Team. Privat haben wir unsere Partnerinnen und Partner sowie unsere Familien und Freunde. Bei der Arbeit haben wir Kolleginnen und Kollegen. Darüber hinaus haben wir Geschäftspartner. Mit allen diesen Parteien möchten wir gemeinsam wirken, ohne unsere Unabhängigkeit zu verlieren, richtig?

Um gemeinsam zu wirken und wirklich richtig zu performen, braucht es eine Umgebung, in der du du selbst sein kannst (siehe Kapitel 5) und deine Stärken lebst. Am besten performen Menschen, wenn sie sich auf das Team verlassen können: sowohl emotional als auch fachlich. Das heißt, es herrscht keine Unsicherheit, denn ihr, du und dein Team, übt Proaktivität aus und bleibt in eurem Einflussbereich. Am besten erzielt ihr Ergebnisse als Team, wenn die Umgebung nicht toxisch ist und wenn ihr bereit seid, voneinander zu lernen, ohne sich dabei klein zu fühlen. Keiner fühlt sich unsicher. Ihr seid aufeinander angewiesen. Es ist eine gesunde Beziehung.

Viele sind sich einig: Wir sind voneinander abhängig. Doch es gibt einen Unterschied zwischen Abhängigkeit und Interdependenz. In der Interdependenz performen wir.

Mit wem arbeitest du gerne zusammen? Mit wem macht dir die Arbeit am meisten Spaß?

Ich arbeite gerne mit Menschen zusammen, die proaktiv nach Lösungen suchen, die keine Ausreden finden, die Mut zur Lücke haben und sich dadurch gegenseitig stärken. Hat das mit Eigenverantwortung zu tun? Ja, das hat es. Diese Menschen haben erkannt, wie anziehend Eigenverantwortung, Proaktivität und ihr Einflussbereich sind. Sie leben es und werden dadurch immer besser. Diese Menschen stecken sich gegenseitig mit ihrer konstruktiven Art an.

Das sind Menschen, die stets fragen: Welche Möglichkeiten haben wir?

Du erinnerst dich an die proaktiven Sätze? Diese Menschen versinken nicht in ihrem Selbstmitleid. Vielmehr schätzen sie die Interdependenz zwischen sich und übernehmen Verantwortung. Wenn diese Menschen in der Zusammenarbeit nicht liefern oder einen Fehler machen, sagen sie nicht:

- »Wenn mein/e Chef/in mich nur schätzen würde, hätte ich ...«
- »Wenn meine Mitarbeitenden nicht so faul wären, hätten wir ...«
- »Wenn andere mich akzeptieren würden, dann ...«

Stattdessen sagen sie ganz klar: »Mein Fehler« – und finden direkt eine andere Möglichkeit.

Diese Menschen möchten nicht um jeden Preis recht haben. Sie suchen wahrhaftig nach Synergien. Sie haben erkannt, dass es um etwas Größeres geht als das, was zwei Personen zusammen erreichen können: das, was Stephen Covey »die dritte Alternative« nennt (Covey 2004: 271). Denn die Energie, die andere in Schuldzuweisung und Verteidigung investieren, können wir umwandeln in etwas Konstruktives. Proaktive Menschen fragen sich selbst in äußerst schwierigen Fällen: Welche Möglichkeit haben wir?

Du wirst feststellen, welche Kraft diese Frage in einem Team hat, um gemeinsam den Zweck des Teams (Purpose) zu verwirklichen. Proaktiv zu sein, den Einflussbereich sowie die Beziehungen zu den anderen zu erkennen und zu nutzen – dieses Vorgehen trägt jetzt Früchte. Bevor ich mit zwei kurzen Storys den Weg des gemeinsamen Wirkens weiter zeige, möchte ich diese drei Begriffe definieren, wie wir sie in diesem Buch verwenden.

Abhängigkeit ist, wenn Menschen sich stark auf andere verlassen, beispielsweise das Baby, das von Eltern abhängig ist. In einem Pflegefall sind Pflegebedürftige auch stark vom Pflegepersonal oder von ihren Angehörigen abhängig. Bei diesen beiden Beispielen handelt es sich um eine zeitlich befristete Abhängigkeit. Hier werden Wechselseitigkeit und Gegenseitigkeit nicht verlangt. Ist jedoch eine Frau von ihrem Mann abhängig und kann nur so glücklich sein oder umgekehrt, dann wird die Beziehung toxisch.

Interdependenz hingegen bedeutet »wechselseitige Abhängigkeit (Dependenz). Unter ›soziale‹ [sic!] Interdependenz ist zu verstehen, dass Menschen in ihrem Dasein aufeinander eingestellt und angewiesen sind.« (Zitiert nach Wikipedia 2020)

Wechselseitig ist hier das Stichwort. Damit die wahre Synergie entsteht, ergänzen sich Menschen im Team und unterstützen sich gegenseitig.

Die dritte Alternative: Dieses Prinzip strebt nach einer besseren Lösung, die im Moment der Diskussion oder im Falle eines Konflikts noch nicht sichtbar und vorhanden ist. Es geht nicht um mich, es geht nicht um dich. Es geht darum, im Team nach dem dritten, besseren Weg zu streben. Hier ist Vielfalt und Anderssein kein Hindernis, sondern eine Einladung, um etwas Großes zu erschaffen. Die dritte Alternative ist gemäß Stephen Covey eine synergetische Lösung, in der alle Involvierten eine Transformation erlangen und dabei ihre Beziehung verfestigen. (Covey 2004: 274)

Uns geht es hier darum, bewusst Worte zu nutzen, die uns die wahre Kraft der Eigenverantwortung verleihen.

Im Team verinnerlichen wir, Großes zu erschaffen. Wir sind wechselseitig voneinander abhängig und erschaffen Raum für Neues, für etwas, das noch nie da gewesen ist. Es entsteht Platz für eine dritte Alternative.

Im dritten Teil dieses Buches zeigen wir dir, wie du andere Menschen, die noch nicht so weit sind wie du, dazu befähigen kannst, ebenfalls Proaktivität anzuwenden und sich auf die Nutzung ihres Einflussbereiches zu fokussieren. Dazu ist es wichtig, dass du zusätzlich lernst, bewusst deine Perspektive und Position zu wechseln, um andere und ihren Standpunkt zu verstehen. Nur so kannst du sie auch abholen und für Eigenverantwortung begeistern.

Zwei Anekdoten zur Veranschaulichung

1 | Funkspruch zwischen Spanier und Amerikaner auf See

Mein BWL-Professor druckte diese Story damals 1999 aus. Es ging darum, zu verinnerlichen, dass wir nicht immer von uns ausgehen sollten. Nur so sind wir bereit, die Perspektive zu wechseln, um eine andere Lösungsmöglichkeit zu finden. Es gibt dafür mehrere Quellen im Netz, zum Beispiel auf der Website von Robert Betz (2023).

Hier ist eine verkürzte und bearbeitete Version, aufgenommen von der Frequenz des spanischen maritimen Notrufs, Canal 106, an der galizischen Küste Costa De Fisterra – am 16. Oktober 1997.

Spanier: *»Hier spricht A853 zu Ihnen, bitte ändern Sie Ihren Kurs um fünfzehn Grad nach Süden, um eine Kollision zu vermeiden ... Sie fahren direkt auf uns zu, Entfernung fünfundzwanzig nautische Meilen ...«*

Amerikaner: *»Wir raten Ihnen, Ihren Kurs um fünfzehn Grad nach Norden zu ändern, um eine Kollision zu vermeiden.«*

Spanier: *»Negative Antwort. Wir wiederholen: Ändern Sie Ihren Kurs um fünfzehn Grad nach Süden, um eine Kollision zu vermeiden.«*

Amerikaner *(eine andere amerikanische Stimme): »Hier spricht der Kapitän eines Schiffes der Marine der Vereinigten Staaten von Amerika zu Ihnen. Wir beharren darauf: Ändern Sie sofort Ihren Kurs um fünfzehn Grad nach Norden, um eine Kollision zu vermeiden.«*

Spanier: *»Dies sehen wir weder als machbar noch erforderlich an, wir empfehlen Ihnen, Ihren Kurs um fünfzehn Grad nach Süden zu ändern, um eine Kollision zu vermeiden.«*

Amerikaner *(stark erregter, befehlender Ton): »Hier spricht der Kapitän Richard James Howard, Kommandant des Flugzeugträgers ›USS Lincoln‹ von der Marine der Vereinigten Staaten von Amerika, das zweitgrößte Kriegsschiff der nordamerikanischen Flotte. Uns geleiten zwei Panzerkreuzer, sechs Zerstörer, fünf Kreuzschiffe [...]. Ich rate Ihnen nicht, ich befehle Ihnen, Ihren Kurs um fünfzehn Grad nach Norden zu ändern! Sollten Sie sich nicht daran halten, so sehen wir uns gezwungen, die Schritte einzuleiten, die notwendig sind, um die Sicherheit dieses Flugzeugträgers und auch die dieser militärischen Streitmacht zu garantieren. [...]«*

Spanier: *»Hier spricht Juan Manuel Salas Alcántara. Wir sind zwei Personen. Uns geleiten unser Hund, unser Essen, zwei Bier und ein Mann von den Kanaren, der gerade schläft. Wir haben die Unterstützung der Sender Cadena Dial von La Coruña und Canal 106 als maritimer Notruf. Wir fahren nirgendwo hin, da wir mit Ihnen vom Festland aus reden. Wir befinden uns im Leuchtturm A-853 Finisterra an der Küste von Galizien. […]. Und Sie können die Schritte einleiten, die Sie für notwendig halten und auf die Sie geil sind, um die Sicherheit Ihres Scheiß-Flugzeugträgers zu garantieren, zumal er gleich an den Küstenfelsen Galiziens zerschellen wird, und aus diesem Grund müssen wir darauf beharren und möchten es Ihnen nochmals ans Herz legen, dass es das Beste, das Gesündeste und das Klügste für Sie und Ihre Leute ist, Ihren Kurs um fünfzehn Grad nach Süden zu ändern, um eine Kollision zu vermeiden.«*

Diese zwei Parteien haben miteinander kommuniziert. Dennoch merkst du, wie lange sie brauchten, um sich gegenseitig zu verstehen, denn jeder ging von seiner Position aus. Die Spanier gingen davon aus, dass die Amerikaner erkennen sollten, dass sie auf dem Festland sind. Die Amerikaner gingen davon aus, dass alles, was im Weg ist, bewegbar ist. Wie einfach es wäre, vorher die Lage zu prüfen und dann zu fragen, welche Möglichkeiten die Amerikaner sonst noch hätten!

Wie so oft im Berufsleben.

Viele gehen unbewusst von sich aus und meinen, die Welt sei so, wie sie sie sehen. Alles, was anders ist, ist nicht willkommen. Es geht um ein Entweder-oder. Dabei kommt es oft vor, dass erst aus der Berücksichtigung aller Ansichten eine bessere Möglichkeit entsteht.

Hier spielt sich das Szenario auf der persönlichen und nicht auf der sachlichen Ebene ab. In so einer Umgebung kann kein Team performen. Daher ist das um jeden Preis Recht-haben-Wollen fatal für eine gute Zusammenarbeit.

2 | »Du wirst sehen, dass ich recht habe«
Ich war neulich zu einem Workshop eingeladen, bei dem ich als eine der Experten meinen Input zu einem aktuellen Thema geben sollte.

Der Workshopleiter, so schien es mir, war ein Experte auf seinem Gebiet. Doch der Verlauf des Workshops war alles andere als einladend, eine dritte Alternative zu finden. Ich stellte zunächst Fragen – höflich und mit der Zeit direkter. Fragen sind immer eine gute Methode, wenn dem Gegenüber nicht bewusst ist, wie seine Vorgehensweise wirkt. Ich war irgendwann unsicher, wofür ich bezahlt wurde, da er nicht zuließ, dass wir Input beisteuern.

Eine der Antworten war: »Du wirst sehen, dass ich recht habe.«
Ich sagte dann direkt: »Darum geht es doch nicht.«
Er erwiderte: »Doch«, und ich hoffte, dass er es als Scherz meinte.
Meine Antwort darauf lautete: »Dann ist die Frage, was wir hier machen.«
Wenn er recht hat, dann braucht es kein Team, dann braucht es keine Workshops. Sein Recht-haben-Wollen bringt die Organisation nicht weiter.

Wie siehst du das?

So ist es auch, wenn wir als Führungskräfte oder Eltern recht haben wollen, dann lassen wir keinen Raum mehr, um gemeinsam weiterzukommen.

Wenn Menschen in einer Organisation sind, dann haben sie einen gemeinsamen Zweck und eine Mission, die sie gemeinsam erfüllen. Dafür braucht es Spielregeln und Werte, die wir im nächsten Kapitel vertiefen werden. Notwendig ist weiterhin die Bereitschaft, sich selbst zurückzunehmen und zu verinnerlichen, dass es nicht um die eigene Person geht. Es geht immer um etwas Größeres als das Team zusammen, es geht um die Sache. Workshops und Meetings sind keine Plätze fürs Rechthaben um jeden Preis.

Erst neulich habe ich wieder Trainer im Rahmen der Train-the-Trainer-Ausbildung geschult. Sie waren alle froh über den Hinweis, dass wir Trainer uns in eigenen Trainings nicht dreißig Minuten lang vorstellen. In Trainings geht es um die Teilnehmenden. Unsere Expertise zeigen wir, indem wir ihre Probleme lösen und sie weiterbringen, nicht, indem wir sagen, was wir schon alles in der Vergangenheit erreicht haben.

In deinem Berufsalltag ist es nicht anderes: Wahre Größe erlangst du, wenn du das Organisations- und das Teamziel ins Zentrum setzt. Wahre Größe erlangst du, wenn du dein Team ins Zentrum stellst und nicht dich selbst. Nur so lässt du auch andere Möglichkeiten zu, um gemeinsam zu wachsen.

Als Eltern setzen wir unsere Kinder oder die Familie ins Zentrum.

Deine eigene Position um jeden Preis zu verteidigen und recht haben zu wollen, das ist das Gegenteil von Eigenverantwortung. Dadurch schrumpft sogar dein Einflussbereich und der deines Teams.

Die drei wichtigsten Learnings aus diesen beiden Storys

1 Es geht immer um mehr als nur um mich. Ich leiste meinen Beitrag in einer Organisation oder im Team oder daheim, um noch etwas Größeres zu erschaffen, als ich es selbst allein tun würde. Daher ist es wichtig, dass ich Raum lasse für andere und meinen Blickwinkel ändere, damit ich ihre Perspektiven kennenlerne und ihre Lage verstehe.

2 Erst dann sehe ich die Möglichkeiten, die wir gemeinsam haben. Dass ich recht habe, bringt keinen weiter. Meine Ansätze dienen einem höheren Zweck. Bei der Entstehung dieses Buches sprechen wir das auch immer wieder an, meine Co-Autorin Alexandra und ich. Es geht um unsere Leserinnen und Leser, nicht um mich und nicht um sie. Wir haben eine Checkliste, damit wir dieses Ziel nicht aus den Augen verlieren. Wir sprechen bewusst von Interdependenz, nicht von der Abhängigkeit, damit wir die Stärken nutzen und uns gegenseitig ergänzen.

3 Wenn ich als Einzige im Team diese Prinzipien verinnerliche, ist es gut. Doch diese gemeinsam zu leben, schafft erst magische Ergebnisse. Daher ist es meine Aufgabe als Führungskraft, Elternteil oder Teamleitende, eine Umgebung zu schaffen, in der das Recht-haben-Wollen nicht belohnt wird. Eine Umgebung, in welcher andere Meinungen zugelassen werden, in der wir gemeinsam nach der dritten Alternative suchen. Nicht meinen Weg, nicht deinen Weg, sondern einen gemeinsamen dritten und besseren Weg.

Was passiert, wenn die Bereitschaft, eine dritte Alternative zu suchen, in einem Team fehlt?

Oder woran erkennst du eine Umgebung der toxischen Abhängigkeit?
Stelle dir dieses Szenario vor: Du, der Herr Projektmanager und ich setzen gerade ein Projekt um, das bald abgeschlossen wird. Wir stellen jedoch fest, dass Vieles schiefgelaufen ist und wir den Abgabetermin verschieben müssen. Du weißt, was auf dem Spiel steht. Ich auch. Keiner von uns möchte blöd dastehen. Nun treffen wir uns, um das Ganze zu besprechen. Herr Projektmanager hat sich verspätet. Du und ich, wir warten auf ihn. Währenddessen sprechen wir nur über das, was falsch gelaufen ist. Nicht nur das – wir finden dabei den Schuldigen. Das Gespräch verläuft so:

Ich: *»Wenn Herr Projektmanager das früh genug erkannt hätte … Er hätte das doch erkennen sollen, oder?«*
Du: *»Ja, das habe ich doch gewusst, dass es schiefläuft. Siehst du, er kommt sogar heute zu spät.«*
Ich: *»Und die ganze Planung von Beginn an … Er hätte anders vorgehen sollen.«*
Du: *»Ja, da hast du recht. Weißt du noch, als er mich angeschrien hat, weil ich zu spät geliefert habe? Dabei war es sein Fehler.«*
Ich: *»Echt. Oh, das geht gar nicht. Und weißt du noch …?«*

Und so geht das Gespräch weiter. Irgendwann kommt er an – dankbar, dass wir noch da sind. Er erwartet konstruktiven Input von uns, wie wir das Projekt retten können. Du kannst dir vorstellen: Sind wir dabei konstruktiv oder nicht?

Was meinst du? Inwieweit haben wir das Projekt mit unserer Haltung und Gesprächen gerettet? Inwieweit haben wir uns sachlich und konstruktiv auf das Gespräch vorbereitet? Inwieweit waren wir hilfreich an diesem Tag? Von einer Skala von 1 bis 10: Wir sind schlechter als das Minimum. Lies bitte das Gespräch nochmals durch.

In diesem Szenario sind wir total abhängig vom Herrn Projektmanager, auch wenn wir das nicht merken. Wir tun nichts für den Projekterfolg. So eine Beziehung hält nicht lange.

Du wirst dich wundern, wie viele Gespräche im Alltag so verlaufen. Nicht nur in den Organisationen, sondern auch daheim, wenn Menschen, die nicht loslassen können, das Gejammer mit nach Hause nehmen und nur noch schlecht über ihre Chefs und Chefinnen, ihre Kolleginnen und Kollegen sprechen. Welchen Eindruck hinterlässt du bei deinen Kindern oder Partnern?

Die Frage ist: Worum geht es wirklich? Wie in einem ähnlichen Szenario zuvor beschrieben, geht es um das Projekt an sich, nicht um die Befindlichkeiten des Projektmanagers.

Was passiert also, wenn wir nicht handeln, um gemeinsam zu wirken? Was passiert, wenn die Umgebung so toxisch ist, geprägt durch reaktive Wortwahl und Schuldsuche?

1. Du bist weder handlungsfähig noch konstruktiv. Wie denn auch? Du bist gefangen in diesem Teufelskreis der Schuldsuche, der Verteidigung und des Rechthabermodus. Die Energie ist höchst negativ. Doch den meisten Menschen, die solche Umgebungen schaffen, ist nicht bewusst, wie das Ganze wirkt. Daher ist es deine Aufgabe als Führungskraft oder Teamleitende, ihnen die andere Seite zu zeigen und sie beispielsweise durch Workshops und Übungen zu befähigen, der Opferrolle zu entkommen, um gemeinsam als Team zu performen.

2. Du jagst andere mit deiner Haltung weg. Ich weiß, wie verlockend es ist, schlecht über andere zu sprechen und Schuldige zu finden, aber glaube mir: Dann möchte niemand mit dir zusammenarbeiten. Denn die anderen sind sicher, dass du genauso über sie sprechen wirst, sobald sie sich umdrehen.

3. Du vergisst, warum ihr als Team da seid. Ein Team oder eine Organisation hat einen höheren Zweck. Nimmst du alles persönlich, verlierst du dieses Ziel aus den Augen.

4. Du siehst die positive Seite des Geschehens nicht und bist nicht empfänglich für positive Entwicklungen. In dem Szenario waren wir nicht empfänglich für Lösungen oder Fragen vom Herrn Projektmanager. Wir haben bereits mit unserer Haltung blockiert.

5. Es herrschen Neid und Missgunst. Keiner freut sich über die Erfolge anderer und kaum über Teamerfolge. Das Wirgefühl fehlt.

Du kannst nicht aufrichtig fragen »Welche Möglichkeit haben wir?«, denn du bist nicht bereit, dir andere Lösungen anzuhören. Dadurch findest du auch keine dritte Alternative. Mit dieser Einstellung kannst du kaum gemeinsam mit deinem Team wirken. Um gemeinsam im Team zu wirken, genügt es nicht, wenn du selbst das alles kannst und weißt. Befähige dein Team. Zeige deinem Team mit deiner Haltung, mit deiner proaktiven Wortwahl und deinen Handlungen, dass es anders geht. Sei der Leuchtturm! Schaffe eine Umgebung, in der die Suche nach der dritten Alternative immer möglich ist.

Wie gelingt es uns, als Team nun diese Umgebung zu schaffen?
Ich erlebe oft, wie froh Menschen sind, dass ich als Trainerin, externe Projektleiterin oder Auditorin endlich zuhöre. Sie nutzen die Chance, um ihre Schmerzen und Sorgen bei mir zu platzieren. Das ist legitim, und es ist meine Aufgabe, darauf einzugehen. Wie du dir vorstellen kannst, kommen sie schnell auch zu Bewertungen und Schuldzuweisungen. Es ist ihnen einfach nicht bewusst, wie das Ganze ankommt. Meine Aufgabe ist es, nicht Teil dieser toxischen Gespräche zu werden und sie stattdessen da herauszuholen.

Meine Aufgabe ist es, sie in den proaktiven Modus zu bringen, damit sie sehen, was sie selbst beeinflussen können und dass sie gemeinsam im Team erst die besten Ergebnisse erzielen. Nach dem Motto: eins plus eins ergibt mehr als zwei.

Daher höre ich zu, nehme sie ernst und frage anschließend eine oder mehrerer dieser Fragen beziehungsweise mache solche Aussagen, nachdem ich Verständnis gezeigt habe:

Hast du das genauso deinem Chef gesagt? Oft kommt: Nein, noch nicht.

Hast du das Problem bereits richtig platziert oder weitergeleitet? Häufig bekomme ich die Antwort: Nein, noch nicht, aber ich mache es. Ich ergänze dann: Soll ich das sachlich platzieren? Denn als Auditorin oder externe Beteiligte kann ich das geschickt. Dieser Ansatz ist viel besser, als in eine interne destruktive Diskussion einzusteigen, denn ich kenne auch nur die eine Seite der Story.

Du steckst nicht drin. Du bekommst sicher nicht alles mit. Finde heraus, was der wahre Grund ist. Oft gibt es eine Einsicht. Einsicht, dass sie nicht alle Fakten kennen und sehr wahrscheinlich zu schnell bewertet haben.

Suche ein Gespräch. Ein Tipp: Mache einen One-Pager, sprich aber nicht über dich, sondern darüber, wie deine Vorgehensweise, die bisher kein Gehör gefunden hat, die Firma vorwärts bringen würde.

Denn viele sind aufgrund von Vorgeschichten gekränkt. Auch verständlich. Recht haben zu wollen gegenüber Vorgesetzten, bringt aber niemanden weiter. Neue Wege eröffnest du hingegen, wenn du zeigst, welchen Nutzen deine Ansätze für die Organisation haben.

Sprich mit konstruktiven Menschen und lasse zu, dass sie dir die andere Seite zeigen.

Welche Möglichkeit hast du sonst noch? Wie kommst du nun wieder daraus?
Diese zwei Fragen bringen Menschen dazu, die Problemzone zu verlassen und Lösungen zu finden. Sie verlassen die kollektive Selbstmitleidszone.

Wenn du im Team solche Gespräche hast oder wenn du so ein Szenario mitbekommst, wie wir es hier im Vorfeld des Gesprächs mit dem Herrn Projektmanager gesehen haben, dann ist es deine Aufgabe, den Teufelskreis zu durchbrechen.

Es bringt auch schon etwas, wenn du allein ohne die anderen proaktiv handelst, aber die Wirkung ist um ein Vielfaches geringer. Andere dazu zu befähigen, wirkt magisch und stärkt das gesamte Team. In der Praxis – das wirst du sicher auch bestätigen können, sind die meisten Menschen umgänglich. Doch es braucht nur eine Person, um die Stimmung kippen zu lassen und damit das Projektergebnis zu gefährden.

Je mehr Menschen Proaktivität bewusst leben, desto mehr Multiplikatoren habt ihr im Team und desto bessere Ergebnisse erzielt ihr auch in der Abwesenheit von Vorgesetzten.

Die fünf wichtigsten Erkenntnisse aus Kapitel 7

Lasse Raum für andere Ansichten. Ändere bewusst deine Perspektiven und gehe nicht von dir aus. Sei nicht wie die Schiffsmannschaft, die den Leuchtturm auf dem Festland bewegen wollte. Dinge verändern sich, wenn wir sie bewusst aus einem anderen Blickwinkel betrachten. Probleme werden kleiner, Lösungsmöglichkeiten sind enorm, und du lebst glücklicher.

Zum Perspektivenwechsel schreibt Rolf Dobelli treffend, dass Tun und Nachdenken zwei verschiedene Dinge sind. Und weiter: »Es gilt, in die Schuhe des Anderen zu steigen und tatsächlich darin herumlaufen. Tun Sie das mit Ihren [...] Mitarbeitern [...]. Der Rollentausch ist mit Abstand der effizienteste, schnellste und kostengünstigste Weg, um gegenseitiges Verständnis aufzubauen [...]« (Dobelli 2020: 252–253)

1 Verinnerliche, dass es um mehr geht als nur um dich und dein Team. Die Firmen- oder Projektvision steht auf dem Spiel und im Zentrum. Komme immer wieder darauf zurück, beispielsweise indem du fragst: Was können wir tun, um dieses Ziel zu erreichen? Zeige Verständnis für die Schmerzen deines Teams – dennoch ist es deine Aufgabe, auf das Thema und auf das Ziel zurückzukommen. Frage nicht »Wer hat das gemacht?«, sondern »Wie kommen wir wieder da heraus?«.

2 Wenn dein Team nicht mehr weiterweiß und sich beklagt, frage immer: Welche Möglichkeiten haben wir? Wenn keine Antwort sofort kommt, sprichst du die Aspekte des Einflussbereiches an, die wir im Kapitel 3 besprochen haben: Zeit, Ressourcen, Emotionen. Auch das Reiz-Reaktions-Modell kannst du hier geschickt nutzen.

Ich kannte einen Chef, der von vornherein sagte »Ich möchte keine Probleme hören, ich möchte Lösungen.« Sprich: Probleme lokalisieren – ja, und dann rasch zur Lösungsfindung. Damit hat er die Mannschaft dazu verpflichtet, selbst nach Lösungen zu suchen. Wenn ihr als Anwesende zu keiner Lösung kommt, holt eine dritte, eine bisher unbeteiligte Person hinzu.

Als Auditorin sehe ich täglich, wie Unabhängigkeit bessere Wege schafft. Nur darf ich in dieser Funktion nicht beraten. Dennoch weise ich auf Themen hin – sachlich, professionell und effektiv.

3 Sprich nur Gutes über deine Kollegen, Partner, Mitarbeitende und Vorgesetzte. Sei ein Vorbild für dein Team. Sprich sachlich über ein Verhalten oder ein Problem. Beteilige dich nicht an toxischen Gesprächen, denn das löst deine Probleme nicht. Im Gegenteil – du gibst damit anderen Macht über dich. Sprich stattdessen Probleme direkt an und platziere sie richtig. Du kennst doch das Sprichwort von Baruch Benedictus de Spinoza: »Das [sic!] was Paul über den Peter sagt, sagt mehr über den Paul aus als über den Peter.« Sich an solch toxischen Gesprächen zu beteiligen, schafft kein Vertrauen. Ohne Vertrauen gibt es kein gemeinsames Wirken. Zeige stattdessen auf, dass ihr aufeinander angewiesen seid – und zwar gegenseitig, wechselseitig.

4 Schaffe bewusst eine Umgebung für eine dritte Alternative. Suche mit deinem Team stets bewusst nach der dritten Alternative – erst recht, wenn die Situation schwierig ist. Dabei identifiziert ihr eure Stärken, um euch gegenseitig zu ergänzen. Bei Konflikten geht es um Konsensfindung, denn Kompromisse sind faul. Sprecht bewusst von Interdependenz, nicht von Abhängigkeit.

Nun kennst du die Vorteile einer konstruktive Arbeitsumgebung, damit dein Team performt und nach Möglichkeiten sucht.

Du weißt, wie du bewusst Interdependenz schaffst und toxische Abhängigkeit vermeidest. Damit es nicht bei einer einmaligen Übung bleibt, braucht es im Team Werte, die Klärung der Erwartungen sowie einen geeigneten Rahmen.

Wie du gemeinsame Werte im Team für eure Höchstleistung definierst und Erwartungen klärst, erfährst du im nächsten Kapitel. Du lernst auch, wie du mit dem bisher Gelernten Rahmenbedingungen schaffst.

Tun und wirken – deine Reflexion zu Kapitel 7

Nun zu dir. Hier sind einige Fragen zur Reflexion.

Wahre Größe zeigst du, wenn du das gemeinsame Ziel in den Mittelpunkt stellst und dich nicht verteidigst. Welche Fragen stellst du dir, wenn ein Projektabschluss gefährdet ist?

In welchen Situationen in deinem Umfeld erkennst du Interdependenz?

Welche Möglichkeit hast du, um aus einer toxischen Partnerschaft, privat oder beruflich, herauszukommen?

8. Klärung von Werten und Erwartungen – Rahmenbedingungen schaffen

von Susan Omondi

Als Projektleiterin erfahre ich oft, wie fehlende Selbstverantwortung den Projekterfolg behindert. Doch vielen Beteiligten ist genau dieser Umstand einfach nicht bewusst. So liegt es an mir, als Trainerin, Auditorin oder externe Projektleiterin mit ihnen gemeinsam Erwartungen zu klären, um besser zu performen.

In einem Team, das langfristig zusammenarbeitet, oder in einer Organisation ist es wichtig, noch ein Stück zurückzugehen und vor den Erwartungen eigene sowie gemeinsame Werte zu klären.

Die Anzeichen, dass wir im Team verantwortungslos und reaktiv unterwegs sind, merken wir in vielen Situationen – zum Beispiel, wenn in Gesprächen nur von anderen die Rede ist, die schuld an unseren Situationen sind, oder wenn wir sonstige Ausreden dafür finden, dass wir nicht weiterkommen. Schuldige zu suchen ist in unserer Gesellschaft sehr beliebt.

Wir können selbst eine Menge beeinflussen, wenn wir beispielsweise damit aufhören, Ausreden zu benutzen, oder endlich Erwartungshaltungen klären würden.

Zu entscheiden, im Team nicht über andere schlecht zu sprechen oder keine Ausreden zu finden, gibt euch wieder positive Energie, um Ziele zu erreichen. Mit meiner Co-Autorin Alexandra habe ich zu Beginn entschieden, unsere Zeit nicht mit solchen Gesprächen zu vergeuden. Das ist Gold wert für uns. Wir verpflichten uns dazu und unterstützen uns gegenseitig, falls eine von uns nicht weiterkommt. So haben wir noch mehr Energie und noch bessere Ideen für unser Buch und für unsere Leserinnen und Leser.

Doch Eigenverantwortung benötigt auch Raum. Du als Elternteil, Teamleitende oder Führungskraft beispielsweise hast die Pflicht, das Bewusstsein zu schaffen, Eigenverantwortung zu unterstützen und Raum für Entfaltung zu geben. Daher beantworten wir in diesem Kapitel die Frage: Wie kannst du andere befähigen, eigenverantwortlich zu handeln, um mehr zu erreichen?

Als mein Sohn (damals neun Jahre alt) einmal ohne Jacke zur Schule gehen wollte, bestand ich darauf, dass er eine Jacke mitnimmt. Er antwortete schlagfertig: »Du sagst doch immer, ich soll Verantwortung übernehmen.«

Ich lenkte ein: »Du hast recht, es ist deine Verantwortung.«

Wenn Babys auf die Welt kommen, brauchen sie uns. Irgendwann sind junge Menschen dann selbstständig, doch wir Eltern merken manchmal nicht, wenn sie so weit sind. Wir möchten immer noch bestimmen. Das kann aus Gewohnheit passieren oder aus anderen Gründen. Die Motive sind egal, spannender und für die Entwicklung von Eigenverantwortung relevanter ist die Frage »Wie können meine Kinder sich weiterentwickeln, wenn ich überall noch mitrede?«

So ist es auch in den Unternehmen. Wir merken teilweise nicht, dass Mitarbeitende gerne eigenverantwortlich unterwegs sein möchten und sie die Einführungsphase schon längst erfolgreich gemeistert haben. Die Menschen schätzen den Freiraum, den sie haben. Sorge also dafür, dass deine Mitarbeitenden Raum haben, um Eigenverantwortung zu üben. Delegiere Aufgaben, lasse los – dann performen sie.

Das vorherige Kapitel befasste sich damit, einen Raum zu schaffen – um die dritte Alternative zu finden. Dieses Kapitel zeigt, welche Rollen das Klären von Werten und Erwartungen spielt und wie du Rahmenbedingungen schaffst, damit das Gelernte zu keiner einmaligen Übung wird.

Doch was sind Werte? Was sind Erwartungen und was meinen wir in diesem Buch mit Rahmenbedingungen?

> **Werte sind wie ein moralischer Kompass. Werte in Unternehmen oder in der Gesellschaft geben uns eine Handlungsorientierung. Wenn du also im Einklang mit deinen Werten handelst oder Lösungen entwickelst, wird die Auswirkung deiner Botschaft oder deiner Lösung die Umgebung positiv beeinflussen.**

Ob bewusst oder unbewusst – Werte sind wichtige Kriterien, um Entscheidungen zu treffen. Daher ist es wichtig, eigene Werte und die deiner Organisation bewusst (gemeinsam) zu entwickeln und sie zu leben. Je klarer die Werte sind, desto mehr Vertrauen im Team und desto bessere Ergebnisse erzielt ihr. Dies sind Beispiele für Werte, die in deinem Team entscheidend sein können: Vertrauen, Sinnhaftigkeit, Verantwortungsübernahme, Transparenz, Glaubwürdigkeit und Begeisterung.

> **Erwartungen sind Annahmen über ein Ergebnis einer Zusammenarbeit oder eines Kaufs beziehungsweise eines Verhaltens. In der Regel erfolgt das implizit: Wir sprechen die Erwartungen nicht aus. Dann kommt es zu Enttäuschungen, wenn sie nicht erfüllt werden.**

Deshalb ist es wichtig, Erwartungen bewusst zu klären. Das hat zwei Vorteile: Es entstehen keine übermäßigen Erwartungen (die Menschen wissen, woran sie sind), und die Vorteile des Vertrauens, die durch das offene Gespräch transparent werden, können ausgeschöpft werden.

Typischerweise gibt es bereits vordefinierte Erwartungen in Form von Verträgen, allgemeinen Geschäftsbedingungen und Nutzungsbedingungen, damit Transaktionen schneller verlaufen. Auch Angebote sind gegenseitige Erwartungen, die mit der Bestellung gültig werden. Je konkreter sie kommuniziert werden, desto weniger Spielraum bleibt für negative Vermutungen, und desto reibungsloser verläuft die Zusammenarbeit. Es kann sinnvoll sein, beispielsweise trotz einer bereits erfolgten Unterschrift unter einem

Dokument des Gegenübers zusätzlich ein Gespräch mit ihm zu führen, damit alle das gleiche Verständnis entwickeln und sich des Commitments versichern.

Rahmenbedingungen sind Umstände oder Konditionen, unter denen ein Projekt oder eine Zusammenarbeit erfolgt.

Sie können physischer (geografisch, innerhalb Zürichs oder innerhalb eines Raumes) oder finanzieller Natur sein (zum Beispiel innerhalb eines Budgets). Sie können aber auch Strukturen sowie Mission, Purpose, Werte, Erwartungen und Infrastruktur umfassen. Weiterhin gehört dazu, was dich als Führungskraft ausmacht, zum Beispiel deine Emotionen, wenn etwas schiefläuft. Wenn deine Mitarbeitenden einen Fehler machen, während sie eigenverantwortlich Tätigkeiten ausüben, und du reagierst mit Empörung, wirst du mit deinem Verhalten ihre Proaktivität und ihren Einflussbereich schmälern.

In diesem Buch sprechen wir Rahmenbedingungen an, die Eigenverantwortung, Proaktivität und den eigenen Einflussbereich fördern oder hindern.

Bevor ich dir die Konsequenzen fehlender Rahmenbedingungen zeige, möchte ich dir anhand meiner Story die Auswirkung der fehlenden Erwartungsklärung verdeutlichen.

Der Tag, an dem einer meiner Ex-Chefs und ich uns besser kennenlernten

Als Leiterin Qualitätsmanagement führte ich in einem Unternehmen ein neues Konzept der Kundenrückmeldung ein. Die Handhabung war sowohl für unsere Kunden als auch intern für die Bereichsleiter und für mich sehr einfach. Zuvor war die Umfrage mit Papier versendet und wieder gesammelt worden. Der neue Prozess umfasste eine digitale Umfrage und wurde sehr begrüßt, denn er lieferte schnelle Erkenntnisse über die Wahrnehmung der Kunden. Auch die Zusammenarbeit mit den Bereichsleitern im Hinblick auf die Überarbeitung der Fragen an die Kunden war beispielhaft.

Als im Anschluss die Umfrageperiode beendet wurde und wir im Team entscheiden sollten, was mit den Ergebnissen passieren sollte, wurde ich zum Hauptsitz der Firma eingeladen. Anwesend waren Verwaltungsratsvorsitzende, CEO (mein Chef) sowie weitere Geschäftsleitungsmitglieder.

Meine Aufgabe war es, die Ergebnisse zu zeigen und dann mit meinem Chef zu besprechen, wie wir sie in die Managementbewertung integrieren sollten. Falls du das nicht kennst: Eine Managementbewertung ist eine Bewertung des Systems durch das Management, um seine Eignung und Angemessenheit im Hinblick auf die Zielerreichung zu überprüfen. Input sind unter anderem Kundenrückmeldungen und Prozessleistungen. Einfach ausgedrückt: Eine Managementbewertung zeigt dir, wo deine Firma steht und ob es Handlungsbedarf gibt.

Ungünstigerweise war dieses Thema nicht das einzige auf der Agenda an diesem Tag. Und die Zeit war knapp. Während ich stolz die Ergebnisse zeigte und annahm, dass es die Geschäftsleitung interessierte, wie unsere Kunden tickten, nahm mein Chef wahr, wie viel Arbeit auf ihn zukommen würde.

Eine Person im Team, die sich die Ergebnisse bereits im Vorwege angesehen hatte, legte ohne Vorwarnung offen, wie viele einzelne Informationen die Umfrageergebnisse enthielten. So hätte ich das meinem Chef nicht präsentiert, denn ich wollte ihm nur die Zusammenfassung zeigen und erklären, dass er sich bei Bedarf die Antworten auf die offenen Fragen anschauen könne. Die Person im Team plauderte viel zu früh. Denn was nun folgte, traf mich völlig unvorbereitet. Mein Chef, der CEO, war plötzlich überfordert, schrie mich an und sagte unter anderem: »Das ist dein Job.« Und das vor versammelter Mannschaft.

Ich weiß nicht, wie es dir ergangen wäre. Ich verstand seine Reaktion nicht, denn ich dachte, selbst wenn er meinen Kollegen falsch verstanden hätte, hätte er mich direkt fragen können, wie ich das sähe und wie es weitergehen solle. Ich war natürlich gekränkt. Aus meiner Sicht hatte ich mich proaktiv verhalten, und trotzdem hatte ich mein Ziel an diesem Tag nur wegen einer Bemerkung nicht erreicht. Ich hatte meinen Chef enttäuscht.

Ich meldete mich ab, ging nach Hause und war für den Rest des Tages nicht erreichbar. Dort wollte ich nachdenken. Ich fragte mich, was ich falsch gemacht hatte. Im ersten Moment gab ich ihm die Schuld. Ich fing sogar an, eine E-Mail zu schreiben. Die Zeilen waren voller Anschuldigungen, auch wenn ich sachlich bleiben wollte. Ich schrieb: »Managementbewertung ist deine Aufgabe, nicht meine. Wenn du möchtest, dass es meine wird, musst du mich zum Mitglied der Geschäftsleitung machen.« – Leise sagte ich mir: »Ich kann es sowieso besser.«

Zum Glück habe ich das nicht verschickt; eine gute Übung übrigens, um sich abzuregen. Nur abschicken solltest du die Nachricht nicht.

Am nächsten Tag erkannte ich – Reiz-Reaktions-Modell angewendet –, dass es daran lag, dass wir zuvor nicht wirklich unsere Erwartungen geklärt hatten. Mir wurde klar, dass er selbst unter Druck stand und ich in Zukunft nur noch Meetings unter vier Augen machen würde, um ihn besser kennenzulernen. Ich sah erst nach einem Tag die Welt aus seiner Sicht und verstand ihn – obwohl ich seinen Umgang mit der Situation immer noch nicht für angemessen hielt.

Als ich wieder verfügbar war, rief er an und entschuldigte sich. Er sagte auch: »Dir sieht man sofort an, wenn etwas nicht stimmt. [...]«

Wir vereinbarten, dass wir uns nochmals zusammensetzen würden, um die Erwartungen zu klären, und definierten anschließend die Verantwortlichkeiten und Rollen neu.

Die drei wichtigsten Learnings aus meiner Story

1 Erwartungen klären ist das A und O. Zu Beginn einer Zusammenarbeit, in einem Meeting, zwischendurch. Diese zu visualisieren und Erinnerungsmöglichkeiten zu schaffen hilft mir, mit den Beteiligten reibungsloser durch einen Prozess oder ein Projekt zu gehen. Vage Annahmen sind ein gefährliches Spiel. Ich nahm an, er, mein großer, weiser Chef, sollte doch wissen, was seine Aufgaben waren. Anzunehmen, dass er meine Vorgehensweise kennt, war ein Fehler. Ich hätte zu Beginn nochmals klarstellen sollen, was ich erwartete und wie die Anwesenden dazu hätten beitragen können. Ich nahm jedoch an, dass die zuvor versendete Agenda ausreichend gewesen sei.

2 Wahre Größe zeige ich, indem ich in Konfliktsituationen meine Wahrnehmung überprüfe. Wahre Größe zeige ich erst in Zeiten von Konflikten. Unrecht plus Unrecht ergibt kein Recht. »Der Klügere gibt nach«, sagen auch andere. Dadurch, dass mein Chef sich wahrhaftig entschuldigte und meine Stärken erneut erwähnte, machte er sich verletzlich und sympathisch zugleich. Er übernahm Verantwortung für sein Verhalten und erklärte, was ihn dazu bewogen hatte. So war die Voraussetzung für eine weitere Zusammenarbeit geschaffen. Wir lernten uns besser kennen. Ich lernte beispielsweise, wie ich in Zukunft mit ihm neue Themen behandeln würde. Hätte er sich nicht entschuldigt, hätte ich länger gebraucht, um mich wieder einzubringen.

3 Konflikte sind nötig und wichtig. Konflikte zeigen, was bis dato im Team fehlt, um zu performen. Sind die Beteiligten für Verbesserung offen, nehmen sie Konflikte als Chance an, egal wie schlimm die Situation ist. Die Beteiligten fragen sich, was sie besser machen können. Sie gehen sogar einen Schritt weiter und fragen sich: Was bedeutet das für die ganze Organisation? In unserem Fall haben wir die Verantwortlichkeiten im Managementsystem nochmals für alle überprüft, klarer beschrieben, kommuniziert und damit bessere Rahmenbedingungen für Proaktivität und Eigenverantwortung geschaffen.

Was passiert nun, wenn du mit deinem Team weder Erwartungen klärst noch für dein Team Rahmenbedingungen schaffst?
Vor einiger Zeit habe ich ein Unternehmen begleitet, in dem die Mitarbeitenden sich immer wunderten, warum sich zwei Kunden über den Preis beklagten. Sie waren sich sicher, sie machten super Arbeit. Sie gingen allerdings von sich aus und interpretierten den Begriff Mehrwert anders als der Kunde. Erst nach einigen Jahren voller Vermutungen und schwieriger Gespräche mit den Kunden stellte sich heraus, dass sie nur eine einzige Seite des Analyseberichts brauchten anstelle der fünf, die sie bekamen.

Das Team hatte zwar nach bestem Wissen und Gewissen gehandelt. Ich rechne ihnen hoch an, dass sie einen hohen Qualitätsanspruch hatten. Wenn der Kunde jedoch nicht bereit ist, die Leistung zu honorieren, dann ist es nicht wirtschaftlich. Nach der Ursachenklärung und erneuter gegenseitiger Erwartungsklärung stimmte das Preis-Leistungs-Verhältnis wieder.

Erwartungen beinhalten sowohl solche Kundenerwartungen als auch Erwartungen bezüglich des Verhaltens in der Zusammenarbeit. Ich erwarte von allen meinen Teams und Geschäftspartnern, dass sie Verantwortung übernehmen. Damit meine ich nicht Verantwortung für mein Verhalten, sondern für das, was wir abgemacht haben, jeweils in ihrem Einflussbereich. Ich kläre auch, was das bedeutet. Beispielsweise ist es wichtig, dass sie rechtzeitig sagen, wenn ein Projekt gefährdet ist, und dass sie Fragen stellen, wenn etwas nicht klar ist. Sie dürfen auch ihre Erwartungen äußern, bis ich sie verstehe. Wichtig ist auch, dass ich sie von Druck entlaste. Ich darf nichts erwarten, was ich selbst nicht erfülle. Für mich gilt zum Beispiel: »Ich bin schwer erreichbar über das Telefon. Ich erwarte auch nicht, dass ihr sofort ans Telefon geht. Ihr ruft einfach zurück.«

Ohne gegenseitig Erwartungen zu klären und ohne zu wissen, was von uns erwartet wird, entsteht Folgendes:
- Frustration;
- Ressourcenverschwendung: Zeit, Geld und Infrastruktur;

- Annahmen und viel Raum für Vermutungen und Spekulationen, die wiederum für Reibungsverluste sorgen;
- fehlende Kundenzufriedenheit;
- fehlendes Engagement der Mitarbeitenden und damit eine geringere Produktivität;

Je konkreter du mit deinen Erwartungen bist, desto schneller kommt ihr zum Ziel. Stell dir vor, ich sage dir: »Lass uns in München treffen.« Punkt. Selbst in einer Kleinstadt ist dieses Ziel vage, und wir werden Zeit und Nerven verlieren, um uns zu finden. Wenn wir uns aber darauf einigen, dass wir uns in der Eigenverantwortlicherstraße 7, in Liebesstadt mit der Postleitzahl 007 am 7. Juli 2027 um 7 Uhr treffen, dann ist das Ziel klar. Das Wie darfst du entscheiden. Mit dem Kommunizieren von Erwartungen und der Schaffung optimaler Rahmenbedingungen gibst du Menschen die Möglichkeit, einer gemeinsam definierten Richtung zu folgen und Ergebnisse zu liefern – auch in deiner Abwesenheit.

Die Folgen fehlender Rahmenbedingungen entsprechen den Folgen eines Mikromanagements. Diese Seite bringt es auf den Punkt, wenn du dich über Mikromanagement informieren möchtest: https://karrierebibel.de/mikromanagement.

Bestimmt kennst du eine dieser Aussagen:
- »Das ist nicht mein Problem.«
- »Das steht nicht in meiner Stellenbeschreibung.«
- »Ich dachte, du bringst den Bericht mit. Jetzt haben wir nur zehn Minuten, bis das Meeting mit den Investoren startet.«

Oder so eine Konversation:
Du zu deiner Chefin: »Ich habe noch keine Ziele für dieses Jahr.«
Chefin: »Ich dachte, du machst das. Du schlägst mir deine Ziele vor, dann genehmige ich das.«
Du: »Oh, überall, wo ich vorher tätig war, haben das meine Chefs gemacht.«

Chefin: »Hier ist es anders. Jetzt übernimm endlich Verantwortung.«
Du, ein bisschen gekränkt: »Ich übernehme Verantwortung. Nur ist das deine Aufgabe.«
Chefin: »Zum letzten Mal: Bring mir deine Ziele bis morgen früh.«

Jetzt stelle dir vor, du weißt nicht, wie es geht. Wenn du mutig bist, wirst du dich schnell informieren und es herausfinden. Ich persönlich liebe es, selbst die Verantwortung dafür zu übernehmen. Der Ansatz deiner Chefin ist super für Eigenverantwortung, jedoch ist das Gespräch weniger zielführend.

An diesem Tag bist du sicher nicht produktiv. Du machst dir Gedanken und stellst dir sogar Grundsatzfragen: ob das der richtige Job ist oder die richtige Umgebung. Vertrauen leidet darunter – und zwar in beide Richtungen.

Deine Chefin hat nichts davon, wenn sie deine Arbeit erledigt. Wenn sie es dir aber nicht klar sagt, darf sie das nun als Chance sehen und mit dir gemeinsam Erwartungen klären. Du darfst natürlich auch den ersten Schritt machen und so antworten: »Dann lass uns heute Erwartungen klären. Was erwartest du sonst von mir?«

Menschen erwarten etwas, ob ausgesprochen oder nicht. Es lohnt sich, das bewusst anzusprechen in den Organisationen, in Schulungen, in Projekten – ob kurz oder langfristig. Es lohnt sich, Spielregeln gemeinsam zu erstellen und Rahmenbedingungen zu schaffen, damit ihr die Früchte des eigenverantwortlichen Handelns bald erntet.

Wenn Erwartungen geklärt sind, hast du als Teamleitende und haben deine Mitarbeitenden nun mehr Vertrauen und Raum, um richtig zu performen.

Wie also kommst du dahin: Werte, Erwartungen klären und Rahmenbedingungen schaffen?
Bevor ich dir dies in fünf Schritten zeige, hier noch eine kurze Story zur Veranschaulichung.

Ein Kollege erzählte mir neulich, wie eigenverantwortliches Denken und Handeln durch seinen Chef vernichtet wurde. Es passierte im Jahr 2020. Wenn mein Kollege beispielsweise ein Konzept für das Unternehmenswachstum geliefert hatte, hörte er: »Du wirst nicht bezahlt, um zu denken. Wo kommt ihr mit diesen Ideen immer her?«

Ich hatte solche Sätze in Filmen gehört; doch war ich entsetzt, erkennen zu müssen, dass eine große Organisation, die sicher die modernsten Ansätze der Organisationsentwicklung aufwies und für tolle Werte stand, so etwas zulassen konnte. Mir wurde wieder klar: Egal wie gut und sexy die definierten Werte sind, es kommt immer darauf an, wie jeder Einzelne diese interpretiert und selbstverantwortlich umsetzt. Ein Vorgesetzter, der seinen Mitarbeitenden nahelegt, lieber nicht zu denken, ist vielleicht unsicher und einfach noch nicht reif für diese Funktion.

Mein Kollege, ein proaktiver Mensch, wollte wissen, wie er damit umgehen könne. Du erinnerst dich: Wir wollen zwar nicht schlecht über andere sprechen, doch wenn du weiterkommen möchtest und unsicher bist, darfst du dich natürlich einer Person anvertrauen. Diese sollte dich allerdings besser nicht in deinem Mitleidsmodus bestärken. Mein Kollege wollte deshalb meine Meinung als Unbeteiligte hören. Er ist proaktiv und sah nicht ein, warum sein Einflussbereich kleiner werden sollte. Er verließ das Unternehmen, denn er erkannte, dass er für seinen Teil mit seinen Mitarbeitenden so nicht umgehen wollte.

Und diese Wahl haben wir immer.

Es gibt in der Literatur oder in digitalen Quellen viele Konzepte, um Rahmenbedingungen zu schaffen. Für meine Kurse und Projekte setze ich folgende fünf Schritte ein. Sie passen auf eine Grafik und auf eine Seite (ohne Beschreibungen) und sind somit leicht zu erfassen. Du darfst sie natürlich erweitern, wie es für dich sinnvoll erscheint.

Fünf Schritte, wie du einen Rahmen für eigenverantwortliches Handeln im Team schaffst

An dieser Stelle ist es wichtig, zu erwähnen, dass die Grundlage für eine Zusammenarbeit bereits beim Eintritt der Mitarbeitenden ins Unternehmen festgelegt wird, etwa im Auswahlprozess und im Vertrag. Es fängt immer mit den richtigen Personen in den richtigen Positionen an. Diese bekommen dann präzise Aufgabenpakete und kennen ihre Kompetenzen und Befugnisse. Idealerweise hast du als Führungskraft bereits bei der Einstellung zu erkennen gegeben, dass du Selbstverantwortung erwartest. Die neuen Mitarbeitenden lernen dann bereits auf diesem Wege, zugunsten der Kundenprojekte intern oder extern präzise über Spezifikationen et cetera zu kommunizieren. Ist das nicht der Fall, hinterfrage mit dem bisher Gelernten deine eigene Vorgehensweise. Der Prozess beginnt bereits bei der Auswahl der Personen und darf immer wieder hinterfragt oder nachjustiert werden.

Schritt 1: Warum und Bedeutung

Frage dich Folgendes und finde Antworten darauf: Warum möchtest du, dass deine Mitarbeitenden eigenverantwortlich handeln? Was bringt es euch als Team? Was bedeutet das für eure Organisation, eure Kunden, eure Innovation? Bevor du dein Warum und die Sinnhaftigkeit geklärt hast, wird es auch schwierig sein, andere dafür zu begeistern. Finde die Vorteile heraus und liste sie auf.

Weiterhin definierst du für dich, was Eigenverantwortung bedeutet. Nach und nach lädst du andere ein, die dann definieren, was sie darunter verstehen. Nimm die Elemente und Aspekte hinzu, die wir in diesem Buch näher beleuchtet haben: Proaktivität, Einflussbereich, Beziehungen, Aufgaben und das Suchen nach der dritten Alternative. Tausche dich informell mit einer vertrauten Person aus. Finde Beispiele, wie es andere Unternehmen machen.

Sehr wichtig ist: Zeige, wie das eigenverantwortliche Handeln einen Beitrag zur Mission und Vision sowie zum Purpose des Unternehmens leistet. Jeder hat die Chance im Laufe des Prozesses, dies für sich zu definieren. Wenn du die Sinnhaftigkeit verstehst und die Verbindung zum Zweck des Teams schaffst, hast du gute Chancen, dass dein Team dich versteht und ihr gemeinsam richtig performt.

Schritt 2: Werte und Erwartungen im Team klären, ein gemeinsames Verständnis entwickeln

Was ist dir wichtig, damit du richtig performst? Hast du deinem Team diese Frage auch mal gestellt? Was erwartest du von mir als Chefin, damit du die Ergebnisse lieferst? Was brauchen wir als Team, damit wir innerhalb von vier Monaten die Softwarelösung liefern?

Jeder hat Werte und Erwartungen. Ob ausgesprochen oder nicht. Die Enttäuschungen kommen, wenn wir diese nicht bewusst aussprechen oder wenn wir kein gemeinsames Verständnis dafür entwickeln. Es kann sein, dass ein Team bereits existiert und diesen Prozess durchlaufen hat. Es ist jedoch keine einmalige Übung, denn der Kontext ändert sich. Neue Leute, neue Projekte und Prozesse kommen hinzu.

Unsere Wahrnehmungen und Empfindungen sowie unsere Schmerzgrenzen sind unterschiedlich. Zum Glück. Es lohnt sich daher, sich als Team sehr gut zu kennen, um die Verlässlichkeit zu erhöhen. Es gibt in jedem Team einen gemeinsamen Nenner. Diesen finden wir nur mit der Erwartungsklärung. Erwartungen kläre ich jedes Mal zu Beginn einer Zusammenarbeit, sei es bei Projekten, Schulungen und Audits. Es spielt keine Rolle, wie lange eine Zusammenarbeit dauert. Der Umfang ändert sich, aber nicht die Tatsache, dass es wichtig ist, Werte und Erwartungen zu klären.

Nimm dir Zeit, sie mit deinem Team, gemeinsam oder je nach Bedarf einzeln, zu besprechen. Wenn Konflikte entstehen oder du aus irgendeinem Grund enttäuscht bist, frage dich immer: Habe ich wirklich die Erwartungen geklärt? Hierzu gehört auch, dass du ganz klar kommunizierst, was du nicht erfüllen kannst.

Ob du zuerst die Werte oder die Erwartungen klärst, spielt keine Rolle. In einem Team kann es sein, dass ihr zuerst Erwartungen klärt, die dann in die grundsätzlichen Werte aufgenommen werden. Zusätzlich besprecht ihr die gegenseitigen Erwartungen zu Beginn eines Projektes. Für die Fortgeschrittenen empfehle ich, dass eine Erwartungsklärung Teil von Werten ist. Beispielsweise kann ein Wert sein: »Wir klären gegenseitig Erwartungen« oder »Wir schaffen Klarheit, bevor wir Aufträge annehmen«. Somit verpflichtest du andere, auch daran zu denken.

Erwartungen zu Beginn eines Workshops können zum Beispiel sein: »Mir ist wichtig, dass jeder zu Wort kommt« oder »Mir ist wichtig, dass jeder mitmacht und sich an die Zeit hält«. Sie können auch als gemeinsame Spielregeln definiert und sichtbar auf einem Flipchart gezeigt werden. Bei langfristiger Zusammenarbeit können Erwartungen an dich als Teamleitende sein: »Ich erwarte, dass du mir direkt sagst, wenn etwas nicht okay ist.«

Du siehst, die genannten Erwartungen dürfen auch in die Werte einfließen, denn das sind die Schmerzpunkte deiner Mitarbeitenden und deine eigenen. Schaue, dass deine Werte und Erwartungen die Eigenverantwortung der Mitarbeitenden fördern und fordern. Wenn dein Team so weit ist, gehe eine Stufe weiter: Frage nach dem eigenen Beitrag zur Zielerreichung. Bevor ich mit einem Training und mit einem Projekt starte, stelle ich die zwei einflussreichsten Fragen:

- »Was erwartest du?«
- »Und was ist dein Beitrag?«

Das ist magisch, denn damit nimmst du deine Mitarbeitenden in die Pflicht. Sie sind gezwungen, proaktiv mitzugestalten. So einfach kann es sein.

Wichtig ist, dass ihr euch Zeit nehmt, um ein gemeinsames Verständnis zu schaffen. Visualisiere es und kommt immer wieder darauf zurück. Werte geben euch ein Fundament und zeigen eine stabile Zugehörigkeit. Wenn du aber selbst welche definierst und erwartest, dass andere sich daran halten, hast du bereits verloren. Hole jeden ab. Diese Übung lohnt sich. In dem Prozess baut ihr eure Beziehung mit Spaß auf und schafft eine wunderbare Basis fürs Vertrauen. Und wo Vertrauen herrscht, performen Menschen erst richtig.

Als Auditorin frage ich mehrere Mitarbeitende unabhängig voneinander, ob sie ihre Werte oder das Leitbild, das in der Regel im Intranet frei zugänglich ist, kennen. Neunzig Prozent wissen das gar nicht. Die Geschäftsleitung ist dann überrascht. Ich frage dann: »Wie wurden die Werte entwickelt?« Antwort: »Die Geschäftsleitung hat sie selbst definiert und kommuniziert«.

»Wenn du deine Mitarbeitenden nicht einbeziehst, kannst du nicht erwarten, dass sie nach diesen Werten handeln.«

Stelle dir vor, du bist Fußballtrainerin, und nur eine Person kennt das Tor nicht. Viele unterschätzen die Wirkung von Leitbildern. Sie geben Menschen eine Richtung, damit sie performen. Involvierst du sie in den Prozess, passiert Magisches. Probiere es aus!

Schritt 3: Den richtigen Rahmen schaffen

Richtige Rahmen schaffen wir mit gemeinsam definierten Werten und Spielregeln (siehe Schritt 2). Diese dürfen hin und wieder hinterfragt werden.

Weiterhin gehören unter anderem die Klärung von Verantwortlichkeiten, Strukturen, der Führungsstil, Dialoge, das Raumgeben, die Ressourcen, deine Vorbildfunktion und die Fehler-/Lernkultur dazu. Frage dich also: Habe ich eine Verantwortliche ernannt, die mir mit diesem Change-Prozess helfen wird? Sind alle anderen relevanten Stakeholder im Boot? Sind die Verantwortlichkeiten so klar, dass jeder in meiner Abwesenheit performen kann?

Begünstigen die Strukturen unserer Organisation das eigenverantwortliche Handeln? Gibt es vielleicht zu viele Hierarchien und Hindernisse? Darf mich meine Mitarbeitende jederzeit aufsuchen? Zeige ich mich in der Produktion, virtuell und in Events?

Was ist mit meinem Führungsstil? Bin ich bereit, zu delegieren? Kommuniziere ich das Was und Wie – oder nur das Was und Warum, damit die Mitarbeitenden selbst zu Lösungen kommen? Belohne ich eigenverantwortliches Handeln? Führe ich mit Sinnhaftigkeit? Zeige ich, warum etwas getan werden muss und was die Konsequenzen sind, wenn wir das nicht tun? Gibt es zum Beispiel informelle Anlässe wie Geburtstagsfeiern, die Raum geben, um mehr Vertrauen aufzubauen? Nutzen wir Firmenevents, um Werte zu festigen?

Sind Ressourcen verfügbar? Wenn du eine saubere Umgebung möchtest, stellst du auch Mülleimer zur Verfügung, richtig? So ist es auch mit Ressourcen. Stellst du deine Mitarbeitenden frei, um ihre Persönlichkeit zu entwickeln? Haben sie die nötigen Tools und Ressourcen (finanziell, Manpower, Infrastruktur), um die Projektziele zu erreichen? Investierst du in das Wissen (fachliche, methodische sowie soziale Kompetenz) der Mitarbeitenden, damit sie noch mehr in ihren Aufgaben blühen können?

Gehst du mit gutem Beispiel voran? Vergiss nicht, dass die Menschen von deinem Verhalten mehr lernen als von dem, was du sagst. Viele Eltern bestätigen, dass sie mit ihren Kindern Diskussionen haben, wenn sie verlangen, dass die Kinder Fahrradhelme aufsetzen, während sie selbst keine tragen. So ist es auch im Betrieb: Lebe vor, was du von deinen Mitarbeitenden erwartest. Dann sind sie auch bereit, dir zu verzeihen, solltest du einen Fehler machen.

Apropos Fehler: Sind Fehler erlaubt? Schon Albert Einstein (1879–1955) hat gesagt: *»Wer noch nie einen Fehler gemacht hat, hat sich noch nie an etwas Neuem versucht.«*

Auch hier darfst du mit gutem Beispiel vorangehen. Mache Fehler und stehe dazu. Ich habe zuletzt ein Unternehmen begleitet, das verzweifelt war, weil Teammitglieder aus anderen Ländern nicht bereit waren, ihre Fehler anzusprechen. Das Leitungsteam vermutete, dass es an ihrer Kultur läge. Ich schlug vor: »Wie wäre es, wenn ihr zuerst von euren Fehlern sprecht?« Aus meiner Sicht spielt Kultur keine große Rolle. Die Menschen schauen auf ihre Chefs. Wenn sie die Vorteile in einer bestimmten Verhaltensweise sehen und du mit gutem Beispiel vorangehst, werden sie mitmachen.

Schritt 4: Die Einführung der Proaktivität oder die Bewusstwerdung des Einflussbereichs zu einem Anlass machen

Definiere je nach Größe des Teams für dich ein passendes Format. So wie in jedem Change-Prozess. Mache einen Plan mit Meilensteinen und Verantwortlichen, wie du diesen Change einführen möchtest.

Möglichkeiten sind Workshops mit anschließenden Fotoshootings oder externen Schulungen. Es ist wichtig, dass du diese Elemente auch prozessorientiert in die Firmenabläufe integrierst: Ist die Vermittlung der Werte Teil der Checkliste des Onboardings und der Leistungsbewertung? Die Werte, die du lebst, sind sichtbar in jedem Gespräch und in jedem Projekt. Zeige, was euch ausmacht. Immer wieder.

Ein weiteres Beispiel für das Thematisieren der Werte sind Mitarbeiterbefragungen: Kennst du unsere Werte? Welche Werte sind für dich am wichtigsten?

Es kann sich lohnen, das Thema mit einem Externen einzuführen und zu vertiefen. Eine Moderation durch Unbeteiligte holt mehr aus den Workshops heraus, weil kritische Punkte unbefangener angesprochen werden können.

Lasse das Team selbst weitere Punkte definieren. Gib nicht alles vor. Du möchtest schließlich Eigenverantwortung fördern, nicht hemmen.

Schritt 5: Reviews und Selbstreflexion
Weil keiner erwartet, dass du perfekt bist, übe dich in Selbstreflexion. Was mir immer hilft, ist diese (übersetzte) Aussage von Stephen Covey: *»Wann immer du denkst, das Problem sei irgendwo da draußen, ist genau dieser Gedanke dein Problem!«*

Frage dich: Woran erkenne ich, dass mein Team eigenverantwortlich unterwegs ist und dass relevante Erwartungen geklärt wurden? Woran erkenne ich, dass der Rahmen, den ich für mein Team schaffe, dafür geeignet ist? Wie ist es bisher gelaufen? Wie kann ich meine Mitarbeitenden noch besser in die Pflicht nehmen und dabei unterstützen, proaktiv unterwegs zu sein? Was benötigen sie, damit sie richtig begeistert sind von dem, was sie tun? Bekommen sie Schritt für Schritt anspruchsvollere Aufgaben, um daran zu wachsen?
Mache im Team gemeinsame Reviews und lasse deine Mitarbeitenden ihre Storys erzählen – für einen Perspektivenwechsel. Dies könnt ihr mit Firmenevents oder Projektreviews kombinieren. Frage immer dabei: Welche unserer Werte waren heute sichtbar?
Motiviere dein Team immer wieder, mitzugestalten. So verspürt es den Drang, von sich aus mitzuwirken, und du machst nicht alles selbst.
Frage dich immer wieder, ob dein Team seinen Beitrag zum Ganzen leistet und was es daran gegebenenfalls hindert.

Zum Perspektivenwechsel kann es sinnvoll sein, die Rollen oder Aufgabengebiete für eine Woche zu tauschen. So steigt ihr nicht nur in die Schuhe der anderen, ihr lauft tatsächlich darin, um einander noch besser zu verstehen.

Wenn du Eigenverantwortung sehen möchtest, dann belohne auch Eigenverantwortung. Du darfst Lob gern laut aussprechen oder Awards einführen.

Die fünf wichtigsten Erkenntnisse aus Kapitel 8

1 Es genügt nicht, eigenverantwortliches Handeln nur zu erwarten, sondern es braucht auch die Rahmenbedingungen und den Raum dafür.

2 Das gemeinsame Klären von Werten und Erwartungen trägt dazu bei, dass ihr euch noch besser kennt und dass ihr ein gemeinsames Verständnis für euren Purpose entwickelt. Nehmt euch Zeit dafür. Viele Beziehungen gehen zugrunde, weil Menschen mit falschen Erwartungen hineingehen. Mit definierten Rahmenbedingungen schafft ihr es, dass ihr euch gegenseitig daran erinnert, was für den Erfolg im Team wichtig ist. Das Klären von Erwartungen ist keine Einbahnstraße. Zuletzt habe ich ein sehr erfolgreiches Unternehmen begleitet, das erkannt hat, dass es den Begriff Qualität für sich und seine Partner definieren muss, weil Kunden und andere Stakeholder verschiedene Erwartungen hatten. Dies führte zu Frustrationen bei Abgabeterminen. Erwartungen können Ergebnisse sein, die ihr liefert, oder Verhalten, das ihr sehen wollt, damit ihr richtig performt.

3 Finde Prozesse und Eckpunkte, bei denen du eigenverantwortliches Handeln immer wieder thematisierst und misst: informell und formell.

4 Die Welt mit eigenverantwortlichem Handeln ist voller Möglichkeiten, Kreativität und großartigen Lösungen. Ohne unnötige Diskussion und Frustrationen erreicht ihr eure Ziele schneller und übertrefft sogar Kundenerwartungen. Stelle dir vor, was passiert, wenn deine Mitarbeitenden für jede Kleinigkeit deine Erlaubnis brauchen? Wie viel leichter und produktiver wäre es, wenn allen die Marschrichtung klar wäre?

5 Als Führungskraft stehst du für Eigenverantwortung, Proaktivität und die Erweiterung deines Einflussbereiches. Deine Taten und der Umgang mit deinen Mitarbeitenden sagen mehr als lediglich kommunizierte Absichten. Gib dein Bestes, jeden Tag. Sei besser als gestern. Auch wenn du nur eine Person in der Woche erreichst, machst du diese Person zu einem Multiplikator, und das ist großartig.

Mit diesem Kapitel hast du nun die Anregungen und Werkzeuge, um Raum für Eigenverantwortung zu schaffen. Proaktivität hat jetzt einen Nährboden, um zu gedeihen. Du wirst feststellen, dass Prozesse reibungsloser verlaufen, und du wirst mehr Zeit für andere Themen haben, die du nicht delegieren möchtest.

Noch ein letzter Gedanke: Eigenverantwortung im Team zu entwickeln ist ein Prozess und dauert seine Zeit. Veränderungen kommen nicht über Nacht. Sei geduldig mit dir selbst und deinem Team. Wichtig ist, dass du dabei konsequent bist. Nimm nichts an, sondern sprich immer wieder Werte und Erwartungen an. Nimm deine Mitarbeitenden bei jeder Gelegenheit in die Pflicht und involviere sie – in die Entwicklung von Werten sowie in die Definition von Projektzielen oder -meilensteinen. Die Arbeit ist für sie erst erfüllend, wenn sie darin wachsen dürfen und ihren Einflussbereich erweitern. Das kommt auch dir zugute. Noch wichtiger: Lebe das, was du hier gelernt hast.

Gratulation! Nun, da du bereits Raum für Möglichkeiten und Rahmenbedingungen für Eigenverantwortung geschaffen hast, schauen wir im nächsten Kapitel, wie du gemeinsam mit deinem Team deine Umgebung prägst.

Tun und wirken – deine Reflexion zu Kapitel 9

Nun zu dir. Hier sind einige Fragen zur Reflexion.

Woran erkennst du, dass dein Team aktuell eigenverantwortlich handelt?

Welche drei konkreten Dinge braucht dein Team, um seinen Einflussbereich noch besser zu nutzen?

Welche Erwartungen hast du bereits mit deinem Team geklärt? Welche fehlen noch?

9. Wie du gemeinsam mit anderen deine Umgebung prägst

von Susan Omondi

Dein Team und du wollt mehr? Das ist großartig und verantwortungsvoll. Ihr wirkt auf eine positive Weise bereits mit eurer Haltung in eurem Unternehmen. Doch wie wirkt euer Wirgefühl nach außen? Nehmen Kunden und andere Partner euch auch als ein Team wahr? Hat der Kunde einen Mehrwert davon, dass ihr proaktiv unterwegs seid? Ist es für den Kunden egal, wer ihn bedient? Was ist mit Menschen, die auf irgendeine Weise mit euren Produkten interagieren? Verantwortungsvoll unterwegs zu sein bedeutet mehr als nur, dass ihr, du und dein Team, gut performt. Die Selbstverantwortung zeigt sich auch anhand des Auftretens als Team nach außen sowie über eure Produkte, Dienstleistungen, Botschaften und weitere Lösungen, die Menschen erreichen. Erst ab dieser Stelle wirst du hochwirksam; auch dann, wenn du nicht direkt in Kontakt mit anderen Menschen stehst.

Die Fragen sind: Welche Wirkung erzielt ihr wirklich? Sprecht ihr die gleiche Sprache nach außen? Wie klar ist eure Botschaft nach außen? Welche Wirkung erzielt ihr, wenn Menschen mit euren Produkten und Lösungen in eurer Abwesenheit in Berührung kommen? Sind eure Produkte im Einklang mit euren Werten? Ein Buch über Eigenverantwortung zu schreiben ist etwas, was mit unseren Werten als Autorinnen im Einklang steht – ein Buch über die Frage »Wie du deine Chefin fertigmachst« hingegen nicht.

Inwieweit gestaltest du mit deinem Team das Umfeld proaktiv?
Unsere Entscheidungen und unsere Arbeit beeinflussen das Leben von Menschen, die mit unseren Programmen, Produkten und Lösungen interagieren. Deshalb ist es wichtig, die eigenen Werte, die du bereits im Umgang mit dir selbst, mit deinen Partnern (privat oder geschäftlich) und mit deinem Team definiert hast, auch in deine Arbeit einfließen zu lassen. Auch hier wartest du nicht, bis andere sich bewegen. Du gestaltest dein Umfeld proaktiv.

Bei der Antwort auf die Frage, wie du mit deinem Team deine Umgebung prägst, beleuchten wir deshalb in diesem Buch zwei Dimensionen:

1. Das Auftreten als ein Team mit hohem Maß an Eigenverantwortung – selbst, wenn nicht alle anwesend sind.
2. Die Außenwirkung durch die eigenen Produkte, Projekte, Programme, Dienstleistungen und sonstige Lösungen, die Menschen und ihre Umgebung beeinflussen. Ein kurzer Ausflug in die Ethik ist daher essenziell.

Proaktive Menschen hinterfragen ihre Verantwortung entlang der Wertschöpfungskette und in Begegnungen mit Kunden sowie weiteren Partnern. Die Erfolge eines Unternehmens messen sie in dem Fall nicht an den Gewinnen, die sie für sie erzielen, sondern auch an der Wahrnehmung der Kunden und weiterer Stakeholder, an ihrer Sorgfaltspflicht sowie an den Konsequenzen, die sie für die Gesellschaft erzeugen.

Je klarer deine und eure Werte also sind, desto stabiler euer Fundament, das euch Dritten gegenüber glaubwürdig macht.

Lasse uns zuerst einige Begriffe definieren, so wie wir sie in diesem Buch verwenden werden.

> **Deine Umgebung. Hier meinen wir entweder dein unmittelbares oder dein indirektes Umfeld, also alle Orte, an denen du durch deine Produkte und Lösungen Menschenleben beeinflusst. Wenn du deinen Abfall in eine andere Stadt transportieren lässt, dann hast du auch die Pflicht, sicherzustellen, dass er fachgerecht entsorgt wird.**

Wie prägst du deine Umgebung? Hinterlässt du eine positive Auswirkung oder nicht?

Ethik: In diesem Buch definieren wir Ethik als ein Rahmenwerkzeug, das dir und deinem Team hilft, nachvollziehbare Entscheidungen zu treffen und Verantwortung für eure Arbeit zu übernehmen.

Beachte jedoch, dass Ethik nicht Moral ist. Moralische Verpflichtungen sind von Mensch zu Mensch unterschiedlich – je nachdem, wie wir erzogen worden sind. Ethik untersucht diese Moralvorstellungen. In einem Team ist Ethik eine gemeinsam definierte Art, miteinander umzugehen. Ethische Werte geben einem Team oder einer Gesellschaft Handlungsorientierung, sodass Mitarbeitende nicht zweifeln, sondern befähigt sind, proaktiv nach verantwortungsvollen Lösungen zu schauen.

Gesellschaftliche Verantwortung oder gesellschaftliche Unternehmensverantwortung ist gemäß frei übersetzter Definition der Europäischen Kommission (2011) ein **»Konzept, bei dem Unternehmen soziale und ökologische Belange in ihre Geschäftstätigkeit und in die Interaktion mit ihren Stakeholdern auf freiwilliger Basis integrieren«**.

Hier stellen sich Unternehmen die Frage: Welche Wirkung üben sie auf die Gesellschaft aus? Inwiefern agieren sie nachhaltig? Der Begriff »Nachhaltigkeit« hat sich vor allem für Konzerne etabliert und bedeutet, sich über die Gesetze hinaus diesbezüglich zu engagieren.

Viele sehen darin leider lediglich eine Möglichkeit, ihre CO_2-Bilanz zu kompensieren oder als Spender aufzutreten. Gerade mit undurchdachten Spenden rauben wir Menschen die Fähigkeit, eigenverantwortlich zu handeln. Dazu später mehr.

Das Ergebnis eurer Arbeit darf die Eigenverantwortung und den Einflussbereich anderer Menschen nicht schmälern.

Zwei kurze Storys zur Veranschaulichung der beiden Dimensionen

1. Zur Dimension Außenauftritt: »Das war ich nicht«

An dieser Szene war ich zwar selbst nicht beteiligt, jedoch wurde mir eine E-Mail aus Versehen weitergeleitet. Ich fand die Story so faszinierend, dass ich etwas daraus lernen wollte. So habe ich geforscht, um den Hergang nachvollziehen zu können. Ich lege sie hier kurz dar.

In einer E-Mail schrieb eine Fachperson einem Kunden nach einer Reklamation Folgendes: »Wissen Sie, Herr Kunde, das war ich nicht. Das war mein Vorgesetzter. Bei uns läuft es auch nicht immer gut.« Bei weiteren Nachforschungen stellte sich heraus, dass der Vorgesetzte beim Erklären des Geschehens dem Kunden ebenfalls gesagt hatte: »Das war mein Mitarbeiter. Ich habe ihm mehrfach gesagt [...].«

Kennst du solche Szenarien? Du kannst davon ausgehen, dass in so einer Umgebung auch über den Kunden in seiner Abwesenheit schlecht gesprochen wird. In solchen Situationen werden Ausreden statt Lösungen gesucht.

Dabei hat der Kunde ein ganz anderes Bedürfnis: Ihn interessiert nicht, wer schuld ist, sondern wie das Team sein Problem löst.

Sicher kennst du auch den Fall, dass Vorgesetzte eine Entscheidung von »oben« umsetzen und ihrem Team dann erklären: »Das war nicht meine Entscheidung.« Wie verantwortungsvoll sind solche Vorgesetzten? Es ist zwar eine Herausforderung, Entscheidungen, die du selbst nicht getroffen hast und auch nicht befürwortest, umzusetzen, aber es ist deine Pflicht, so oft zu fragen, bis du die Sinnhaftigkeit verstanden hast und die Entscheidung im Sinne der Firma vertreten kannst. Du darfst in solchen Situationen das Reiz-Reaktions-Modell verstärkt anwenden. Einverstanden?

2. Selbstverantwortung in unseren Angeboten: »Sie überleben ohne mich«

Zwanzig Jahre lang haben dringende Nachrichten aus meiner Heimat Kenia Macht über mich gehabt. Ich wollte seit Beginn meines Studiums in Deutschland meine Familie finanziell unterstützen. Ich sah das als meine Pflicht und Verantwortung an. Bis es mir irgendwann zu viel wurde. Ein Freund sagte mir damals: »Susan, sie überleben ohne dich.«

Die einzige Ursache für Probleme daheim war aus meiner Sicht Geld. Ich war die Auserwählte, der Goldesel, der alles richten sollte. Eine Sache vergaß ich: Ich habe mir alles selbst erarbeitet und Chancen genutzt, die sich geboten haben. Etwas, das jeder tun kann.

Das mag harmlos klingen, hat aber enorme Auswirkungen, denn nicht wenige Kinder sind aufgewachsen mit der Haltung »Tante Susan ist ja da«.

Ich wollte mit allen Mitteln den Lebensstandard meiner Mutter erhöhen. Dabei blendete ich aus, dass auch Nachbarn, Verwandte und Freunde das bemerkten und dann wiederum meine Mutter um Hilfe baten – mit der Begründung »Deine Tochter ist ja in Deutschland.« Ich erweckte offenbar den Eindruck, dass keiner es ohne mich schaffen würde.

Als dieser Freund mich wachrüttelte, begann ich, zu recherchieren und die sogenannte Entwicklungshilfe stark zu hinterfragen. Wie kann es sein, dass viele kluge Leute sich für Entwicklungshilfe engagieren, ohne die Auswirkung ihres Handelns zu hinterfragen? In meiner Recherche fand ich viele Stimmen, auch aus den sogenannten Entwicklungsländern, die diese Vorgehensweise kritisierten.

Ist es nicht arrogant, zu denken, dass die anderen nur auf unsere Hilfe warten, um zu überleben? Arbeitsmigration ist das eine, der wahre Grund zur Hilfe ist ein anderer. Der wahre Grund für die scheinbare Abhängigkeit meiner Bekannten von mir war: Es war bequem, weil ich nicht Nein sagte, weil ich keine Grenzen setzte. In meine missliche Lage habe ich mich in weiten Teilen also selbst gebracht, also gebe ich auch niemandem die Schuld dafür.

Die Frage bei Entwicklungshilfen und ähnlichen Unterstützungen ist daher: Wem helfen wir wirklich mit unseren Angeboten?

Dazu empfehle ich auch die Lektüre des Buches von Michela Wrong: It's our Turn to Eat.

Die drei wichtigsten Learnings

1 Aus Story 1: Für den Kunden ist es egal, wer schuld ist. Ihn interessiert nur, ob wir seine Probleme lösen. Ein Team, das gegenüber dem Kunden so wenig verantwortungsvoll auftritt, büßt direkt an Image ein, nicht nur an Zeit und Vertrauen innerhalb des Teams. Sich als Team zu fragen »Wie treten wir auf?« ist daher unerlässlich. In diesem Szenario fehlen die Grundlagen, um nach der dritten Alternative zu suchen, um die Wirkung des Teams nach außen verantwortungsvoll zu gestalten.

2 Aus Story 2: Als Retter auftreten zu wollen, raubt anderen etwas Wertvolles: Die Chance, selbst zu wachsen. Das gilt auch im Berufsalltag im Umgang mit Kollegen und Teams im Unternehmen. Nur weil ich es kann, ist es nicht automatisch eine gute Sache, wenn ich es auch mache. Blinde Aktionen züchten toxische Abhängigkeit. Ich möchte mich nur noch dafür einsetzen, Menschen raus aus der Opferrolle zu bringen – hin zur Eigenverantwortung, denn wahre Hilfe macht nicht klein. Eigenverantwortlich unterwegs zu sein heißt auch immer wieder, zu reflektieren und mich zu fragen, wie ich mit meinem Angebot, meinen Projekten, Programmen oder Produkten, wirke. Die genauen Ursachen des Problems zu erforschen, um eine geeignetere Lösung zu finden, bringt die Menschen und ihre Umgebung viel weiter, als mit Geld oder Spenden zu antworten. Seitdem sage ich auch ein klares Nein zur Zusammenarbeit, die Menschen abhängig macht.

3 Aus Story 2: Zu erkennen, dass ich mich in diese Lage selbst gebracht habe, hilft mir, mein zukünftiges Angebot zu optimieren und Verantwortung für mein Wirken zu übernehmen. Wenn ich ein Programm, ein Projekt oder ein Produkt gestalte, frage ich mich: Warum mache ich das, was ich mache (Sinnhaftigkeit), und welche Botschaft sende ich? Ich setze mich stark für sinnvolles Qualitätsmanagement ein, auch wenn es länger dauert, bis es fruchtet. Unternehmen zu beraten, nur damit ich schnell Geld verdiene, ist nicht mein Antrieb. Ich möchte, dass man dort später sagt: »Du hast uns wirklich geholfen, verantwortungsvoll unterwegs zu sein.« Ich möchte, dass meine harte Entscheidung gegen toxische Abhängigkeit Menschen positiv beeinflusst, auch wenn es zum Zeitpunkt des Neinsagens nicht klar so wahrgenommen wird.

Es ist eine Herausforderung, zu akzeptieren, dass eigene Produkte und Dienstleistungen keine positive Wirkung erzielen. Doch erst mit der Akzeptanz finden wir auch eine dritte Alternative. Lass uns zuerst herausfinden, was passiert, wenn wir nicht bewusst handeln.

Dimension 1: Was passiert, wenn ihr nicht als Team auftretet?
Das Vertrauensverhältnis zwischen euch leidet. Damit verliert ihr Kunden. Der Kunde hat sicher das Gefühl, das nächste Mal werde er schuld daran sein. Das ist keine gewinnbringende Partnerschaft.

Es herrscht die Mentalität: »Wenn ich nicht alles selbst mache ...« Damit kannst du als Team nichts delegieren, weil du Angst vor Imageverlust hast. Es fehlt an Qualitätsstandards und Beständigkeit. Viele Geschäfte sind »People Business«. Wenn ihr als Team eure Prozesse nicht im Griff habt, beispielsweise wie ihr mit Reklamationen umgeht oder gegenüber Kunden kommuniziert, dann habt ihr sowohl intern als auch extern Reibungsverluste. Ihr seid nicht wirksam und verbaut euch Chancen. Teamdynamik fehlt, um noch bessere Lösungen und Dienste zu erbringen. Mit den Kunden findet ihr keine »dritte Alternative«.

Du siehst, es kann teuer werden, wenn die bereits im vorherigen Kapitel definierten Werte durch euer Umfeld nicht bestätigt werden.

Dimension 2: Was passiert, wenn du deine Produkte, Programme und Lösungen nicht hinterfragst ...
... und dein Umfeld negativ beeinflusst?

Zunächst mal raubt ihr als Team eurem Umfeld damit den Raum, sich weiterzuentwickeln. Diese Menschen, beispielsweise Spenden- oder Leistungsempfänger, und ihre Fähigkeiten werden massiv durch eure Produkte beschränkt. Sie können sich kaum eigenverantwortlich weiterentwickeln.

Ihr vernachlässigt eure Sorgfalts- und gesellschaftliche Pflicht. Das kann auch Geldstrafe bedeuten. Ein Chemieunternehmen, das seinen Chemieabfall in der Nachbarschaft entsorgt, ohne Rücksicht darauf, ob diese davon Kenntnisse hat, übernimmt keine Verantwortung und schmälert seinen Einflussbereich. Früher oder später kommt das Unternehmen in den Konflikt mit dem Gesetz und verliert an Image. Die Generation danach leidet darunter. Wir züchten eine toxische Abhängigkeit oder ein toxisches Umfeld.

Proaktive Menschen sind vorausschauend und fragen sich ...
... zur Dimension 1: Wie können wir unser Auftreten nach außen als verantwortungsvolles Team stärken? Wie nehmen uns unsere Kunden und Partner sowie andere Teams im Unternehmen wahr? Spiegeln sich unsere Werte in unserem Auftritt wider? Kann ich, wenn meine Mitarbeitenden allein unterwegs den Kunden betreuen, darauf vertrauen, dass sie im Einklang mit unseren Werten handeln?

... zur Dimension 2: Wie können wir mit unserem Unternehmen, mit unseren Lösungen und Produkten unsere Umgebung positiv beeinflussen – und zwar vor und in der Entstehung unserer Lösungen sowie bei der Verwendung bis hin zur Abfallentsorgung?

Wie gelingt es euch gemeinsam, euren Auftritt als proaktives Team zu verbessern? – Dimension 1

1. Findet heraus, wo ihr steht. Funktionieren eure Werte innerhalb des Teams? Wenn ja, nehmen euch die Kunden oder Partner auch so wahr? In der Regel merkt ihr erst in schwierigen Situationen, wie stabil das Fundament ist, etwa wie bei einer Kündigung oder in der Pandemie. Frage dich als Vorgesetzter selbst: Wie hast du bei der letzten Herausforderung reagiert? Steht ihr als Team da oder nicht? Was ist mit deinen Mitarbeitenden? Gibt es Handlungsbedarf, dann lies weiter. Wenn nicht, lobe dein Team, denn so etwas kann schnell vergessen werden.
2. Habt ihr definiert, wie ihr nach außen kommuniziert, und zwar als Team? Vergiss als Chefin nicht: Die Entscheidung muss nicht deine gewesen sein, um diese verantwortungsvoll gegenüber Dritten zu vertreten. Wie integer seid ihr? Es kann sinnvoll sein, eure Werte zu ergänzen.
3. Frage als Vorgesetzter deine Mitarbeitenden, was ihnen helfen würde, gemeinsam als Team aufzutreten. Zeige Beispiele aus der Praxis oder Szenarien. Nimm sie in die Pflicht. Frage sie, was sie in verschiedenen Szenarien tun würden.
4. Eine optische Wahrnehmung, etwa eine bestimmte einheitliche Dienstkleidung, kann euch auch helfen, den Auftritt aus Sicht der Kunden beständig zu stärken. Benutzt Anlässe wie Kundenberichte oder Kundenumfragen, um die Wahrnehmung eurer Werte aus Sicht der Kunden zu hinterfragen. Benutzt die Ergebnisse, um euch weiterzuentwickeln.
5. Nutzt Konflikte als Chance, um euch immer wieder zu hinterfragen: Was ist gut gelaufen (erwähnen und loben)? Was hätten wir besser machen können (gemeinsam entscheiden)?

Nur so seid ihr auch in schwierigen Situationen hochwirksam.

Wie gelingt es euch, gemeinsam mit euren Lösungen verantwortungsvoll unterwegs zu sein – Dimension 2

Hier hilft uns der Ausflug in die Ethik. In der Philosophie beschäftigt sich Ethik mit der Untersuchung von moralischen Grundsätzen und Werten und bietet Leitlinien für moralisch verantwortliches Verhalten. Ethik hier im Unternehmenskontext ist als Design- und ein Entdeckungswerkzeug zu verstehen, das uns hilft, verantwortungsvolle Lösungen zu erschaffen. Wir hinterfragen damit automatisch, wie unsere Produkte auf die Welt wirken, indem wir beispielsweise den im Folgenden vorgestellten Vier-Ecken-Ansatz anwenden:

Fähigkeitsansatz	**Konsequentialismus**
Hier fragst du: Welche Fähigkeiten der Menschen modifizierst du und wie änderst du sie? Was machen diese Menschen damit? Sind sie dann befähigt, das zu tun, was sie schätzen?	Welche Konsequenzen erzeugst du bei diesen Menschen und in ihrer Umgebung? Welche Konsequenzen erzeugst du bei den sekundären und weiteren Stakeholdern? Welche Gruppe berücksichtigst du und warum? Welche lässt du draußen und warum?
Tugendethik	**Pflichtethik**
Mit jeder Entscheidung und mit deiner Arbeit formst du dich auch selbst. Frage dich: Ist das der Weg, den du gehen möchtest? Kannst du in fünf bis dreißig Jahren sagen: Ja, ich habe wie ein verantwortungsvoller Mensch gehandelt?	Welche unausgesprochenen Erwartungen haben die Menschen, die mit deinen Lösungen agieren, an dich? Ist dir deine angemessene Sorgfaltspflicht bewusst?

Quelle: In Anlehnung an den gemeinsamen entwickelten LinkedIn-Onlinekurs mit Morten Rand-Hendriksen und Susan Omondi (2021).

Der Vier-Ecken-Ansatz ist anwendbar in sozialen Programmen, in Projekten mit Universitäten oder mit anderen Partnern, in der Entwicklung von Industrieprodukten oder technischen Produkten wie Apps, Smartphones sowie in Dienstleistungen und Beratungen, die Menschen überall erreichen und beeinflussen. Es ist deine gesellschaftliche Verantwortung, entlang deiner Wertschöpfungskette negative Auswirkungen deines Projektes oder Produktes für alle Involvierten zu vermeiden.

Im Sinne von Eigenverantwortung und proaktivem Handeln hilft die Perspektive der Ethik, bessere und bewusstere Entscheidungen zu treffen. Die Vorteile eines solchen Vorgehens sind:

1. Du erweiterst deine Zielgruppe oder findest Marktlücken in anderen Regionen, was dich wieder wachsen lässt.
2. Du bleibst auf dem Stand der Technik, um eben die spezifischen Anwenderinnen oder Randgruppen, die wir bisher vergessen haben, einzubeziehen.
3. Du schaffst dadurch Vertrauen, weil du dich automatisch darum kümmerst, unerwünschte Auswirkungen zu vermeiden.

Es lohnt sich für Teams, sich mit Ethik auseinanderzusetzen und in deinem Unternehmen oder in deinem Bereich einzuführen. Hier ist eine mögliche Vorgehensweise:

1. Frage dich, was Verantwortung oder Ethik für euch im Team bedeutet. Wie du es nennst, spielt keine Rolle. Überlege dir ganz genau, welche Gebiete für euch ein No-Go sind, genauer gesagt, was nicht zu euren Werten passt. Ist es die Industrie wie Rüstung, Alkohol oder Casinos? Wichtig ist, dass deine Mitarbeitenden eine Handlungsorientierung haben und ihr euch bewusst entscheidet. Es gibt keine Liste von Dingen, die falsch oder richtig sind. Jeder kann für sich entscheiden. Alkohol ist für manche unethisch, für andere in Ordnung. Nur wenn ihr die gleiche Sprache sprecht, könnt ihr performen.

2. Wie könnt ihr damit noch mehr wachsen und eure Verantwortung gegenüber der Gesellschaft stärken, da ihr nun im Einklang mit euren Werten handelt?
3. Welche Checklisten an welchen Stationen oder Prozessen helfen euch dabei? Welche Aspekte aus dem Vier-Ecken-Ansatz sind für euch relevant? In der Entwicklung von Produkten fragt ihr euch zum Beispiel: Gehen wir mit diesen Produkten und Anwendungen verantwortungsvoll um?
4. Wie verändert sich die Umgebung von Menschen, wenn ihr so handelt? Welche Konsequenzen erzeugt ihr? Spiele Szenarien durch wie: Schränken wir Menschen damit ein oder befähigen wir sie, zu wachsen?
5. Beziehe deine Mitarbeitenden regelmäßig ein. Lasse sie auch frei sagen, was sie bewegt. Vergiss nicht: Jeder hat eine eigene Definition und Wahrnehmung, was verantwortungsvoll bedeutet. Dies kann sich mit der Zeit auch ändern. Eine ständige Kommunikation miteinander schafft ein gemeinsames Verständnis, das lange anhält.

Was aus Erfahrung sehr gut funktioniert, ist zunächst einmal, die Perspektive zu wechseln. Stelle dir vor, diese Lösungen kommen dir zugute?

Perspektivenwechsel – Weißt du, was deine Produkte bewirken?

Es ist leicht zu denken, dass mit dem, was wir selbst mit guten Absichten geschaffen haben, niemand zu Schaden kommt. Kennst du den Film »Minority Report«? Das hier ist ein Gespräch zwischen einem Officer und einem Detektiv:

»Sie sehen die Zukunft voraus.«
»Es wird nicht zur Zukunft, wenn sie es verhindern. Ist das nicht ein fundamentales Paradoxon?«

Ein Film mit Tom Cruise und Colin Farrell in den Hauptrollen, in dem es darum geht, eine Gesellschaft durch Technologien, die in die Zukunft schauen können, technisch so sicher zu machen, dass Morde vor ihren Geschehen aufgeklärt und verhindert werden. John, Leiter der Abteilung Precrime, ist überzeugt, dass das System sicher ist. Bis er selbst als Täter und Verdächtiger eingestuft wird.

Diesen Film schaue ich mir immer wieder gerne an und stelle Parallelen zu unserer heutigen Welt fest. Wenn unsere Produkte und Lösungen Menschen und ihre Umgebung negativ beeinflussen, dann sind wir nicht verantwortungsvoll unterwegs. Denn die Produkte, die wir entwickeln, erreichen mehr Menschen, als es mit lediglich einer Botschaft oder einer Begegnung möglich wäre.

Die gute Nachricht: Es ist nie zu spät, Verantwortung für die Auswirkungen des eigenen Handelns, der eigenen Produkte oder Lösungen zu übernehmen. Dazu wartest du nicht, wie im Film »Minority Report«, bis negative Folgewirkungen sichtbar werden. Du kannst dir einfach mit einem Gedankenexperiment vorstellen, welche Zukunft du baust und ob es die Zukunft ist, die du unseren Kindern und den Generationen danach hinterlassen möchtest.

In unserem Beispiel mit dem Chemieunternehmen kann es sein, dass unsere Enkelkinder oder Urenkelkinder in der Zukunft genau auf dieser Deponie spielen. Möchtest du so etwas verantworten? Somit bedeutet Eigenverantwortung auch, diese drei Begriffe heute verstärkt zusammenzubringen: Nachhaltigkeit. Ethik. Verantwortung. So bewahrt ihr als Team, als Bereich oder als Unternehmen eure Integrität.

Die fünf wichtigsten Erkenntnisse aus Kapitel 9

1 Stelle sicher, dass eure Proaktivität, Spielregeln und Werte nach außen sichtbar sind, wenn ihr mit Kunden oder Partnern arbeitet. Ist das nicht der Fall, dann ist der beste Zeitpunkt jetzt, um sie erneut zu definieren oder sichtbar zu machen.

2 Um hochwirksam als Team zu sein, handelt jeder von euch im Sinne des Teams. Die persönlichen Motive sind den Zielen des Teams untergeordnet. Ihr handelt im Sinne des Kunden. Ihr übernehmt Verantwortung auch in schwierigen Situationen.

3 Eure Produkte, Programme und Projekte beeinflussen die Menschen und ihre Umgebung weit länger, als es euch gibt. Eure Werte und eure Verantwortung spiegeln sich in euren Produkten wider. Hier kommt das Bewusstsein ins Spiel. Frage dich: Wie trägt meine Arbeit dazu bei, die Welt verantwortungsvoll zu gestalten? Wie gestalte ich die Arbeit, sodass Eigenverantwortung gelebt wird? Bin ich, wenn ich meine Produkte, Bücher, Musik, Filme, Dienstleistungen in die Welt setze, noch verantwortungsvoll unterwegs?

Ich selbst beispielsweise habe die Verantwortung gegenüber allen, die mir in Trainings oder Vorträgen zuhören, die meine Programme und Dienstleistungen integrieren. Viele proaktive Menschen, deren Jobs diese Verantwortung nicht so deutlich unterstreichen, setzen sich in ihrer Freizeit für sozial schwächere Menschen ein. Auch das ist ein Weg, Verantwortung zu übernehmen. Wichtig ist, dass du dabei den Einflussbereich anderer nicht reduzierst, sondern diese dazu befähigst, eigenverantwortlich ihr Leben zu gestalten.

4 Unternehmen und Teams haben mehr Verantwortung, die über das eigene Unternehmen hinausgeht. Nicht nur deshalb, weil Normen und Standards verlangen, die Erwartungen der Stakeholder zu erfüllen, sondern einfach, weil es das Richtige ist. Meine Eigenverantwortung und mein Einflussbereich sollen mich nicht dazu führen, dass ich mir das Recht nehme, beispielsweise meine Nachbarschaft und meine Lieferanten schlecht zu behandeln.

5 Nutze deine Macht, entweder in der Technologie oder mit deinen Produkten, um neue Zielgruppen und Regionen zu erkunden. Die dritte Alternative, die du in Kapitel 7 kennengelernt hast, kannst du nun auch in Kollaboration mit anderen Unternehmen nutzen, um noch wirksamer zu sein. Es geht heute nicht ohne Kollaboration.

Nun weißt du, wie ihr gemeinsam als Team auftretet und mit euren Lösungen eure Umgebung prägt.

Heute ist die Technologie oft viel mächtiger als Gesetze und Politik. Technologien verändern die Welt während Gesellschaft und Politik Mühe haben, zu diskutieren, in welchem Rahmen das passieren soll. Ob du in einem Technologieunternehmen arbeitest oder ob du lediglich Nutzer bist – du gestaltest damit dein Umfeld. So beeinflussen Social-Media-Plattformen wie LinkedIn und Facebook die Welt heute auf eine Weise, die ich mir vor zehn Jahren nicht habe vorstellen können. Die sogenannten Influencer ebenso. Es braucht deshalb deine Eigenverantwortung – ob jemand zuschaut oder nicht. Du hast auch eine gesellschaftliche Verantwortung der deinen Mitmenschen und der Nachwelt gegenüber, sei es als User oder als Hersteller.

Im nächsten Kapitel laden wir dich ein, die drei Ebenen der Wirksamkeit kennenzulernen und in Zukunft anzuwenden. Diese sind: erkennen – tun – wirken.

Tun und wirken – deine Reflexion zu Kapitel 9

Nun zu dir. Hier sind einige Fragen zur Reflexion.

Welche Wahrnehmung haben deine Kunden und Partner aktuell von euch als Team?

In welchem Bereich des Vier-Ecken-Ansatzes seid ihr deiner Meinung nach stark? Es kann sein, dass ihr diese anders nennt.

Identifizierst du dich mit deiner Arbeit und mit deinen Lösungen? Kannst du mit Sicherheit sagen, dass die Auswirkung auf die Gesellschaft positiv ist? Wenn nicht, gibt es hier Ansätze, die du direkt innerhalb eines Monats mit deinem Team anwenden kannst, um das zu ändern?

Teil 4:
Geh die ersten Schritte

10. Erkennen – tun – wirken

von Alexandra Lang

Beim Lesen dieses Buches durftest du sicher das ein oder andere erkennen. Nach jedem Kapitel haben wir dir Raum gelassen für deine persönlichen Notizen und Erkenntnisse. Erkennen, tun und wirken – das ist stets ein Zusammenspiel. Es ist ein kraftvolles Werkzeug, das uns in all unseren Storys begleitet. In diesem Abschnitt erklären wir näher, was wir darunter verstehen und wie du das Zusammenspiel von Erkennen, tun und wirken auch für dich nutzen kannst.

Erkennen

Erkennen ist neutral ausgedrückt. Vermutlich hast du schon den einen oder anderen vermeintlich großen Fehler im Leben gemacht. Du gibst dir vielleicht die Schuld dafür. Du denkst, du bist nicht gut genug, nicht aufmerksam genug oder in sonst einer Form nicht perfekt gewesen. Wie ein Kind siehst du die Ursache bei dir. Dein Selbstwert sinkt dadurch und du bist blockiert. Im Erkennen steckt die neutrale Perspektive – ohne Bewertung. In einer beruflichen Situation zum Beispiel fehlt mir die Erfahrung, ich wusste es nicht besser. Wenn ich neutral ohne Schuldzuweisungen reflektiere, kann ich erkennen: Diese oder jene Ressource hätte ich noch gebraucht, vielleicht einen Mentor, vielleicht ein besseres Zeitmanagement. Ich sehe es neutral, lerne daraus, gewinne eine Erkenntnis und ändere meine Herangehensweise beim nächsten Mal. Ich lerne und erlaube es mir, zu erkennen. Denn ich bin hier und mache menschliche Erfahrungen – mit mir selbst, im Team, im Miteinander, im Geschäftsleben. Ich erkenne meinen Einflussbereich, den ich gestalten kann. Bewusst bewege ich mich in dem Bereich, in dem ich Einfluss ausüben kann. Ich erkenne mich. Mit der Erkenntnis beginnt das Zusammenspiel.

Tun

Tun heißt, proaktiv zu sein, in die Entscheidung zu kommen, etwas zu tun oder nicht tun. Was ist jetzt der nächste Schritt? Tun heißt nicht, dass es laut sein muss. Tun kann auch bedeuten, dass ich aktiv hinhöre. Ins Tun kommen, in die Gänge kommen, die Kraft spüren. Zu unterscheiden lernen, ob etwas zu tun ist oder nicht – das ist bedeutend. Gibt es Hindernisse, die mir im Wege stehen, dann gibt es etwas zu tun, dann räume ich sie aus dem Weg. Ich werde aktiv, komme ins Handeln, sorge für die richtigen Ressourcen. Dem »Nichtstun« geben wir den Raum, denn auch das ist etwas sehr Aktives. Innehalten, in der Ruhe sein. In Besprechungen den Raum zu halten, präsent zu sein, dann zu sprechen, wenn ich etwas zu sagen habe, wenn es von Bedeutung und von Nutzen ist.

Wirken

Du wirkst immer. Im Wirken steckt die Auswirkung, jedes Tun oder Nichtstun hat eine Konsequenz. Du als Individuum wirkst, und auch miteinander im Team wirkt ihr. Dein Wirken ist deine Ausstrahlung, deine Energie. Jeder Gedanke, jedes Wort, jedes Handeln hat eine Wirkung. Und es schließt sich der Kreis: Du erkennst, dass du bestimmte Situationen bewusst oder unbewusst vielleicht in dein Leben gezogen hast, um gewisse Erfahrungen zu machen, um zu lernen, um zu erkennen. Dabei geht es nicht um Schuld oder Vorurteile – Eigenverantwortung annehmen, bedeutet nicht bewerten, Eigenverantwortung annehmen bedeutet, offen zu sein für das Zusammenspiel aus Erkennen, Tun und Wirken.

»Eigenverantwortung. Das Beste, was dir passieren kann« – so heißt unser Buch, genau aus diesem Grund. Du erkennst, du tust, du wirkst. In jedem Moment, im Hier und Jetzt hast du proaktiv die Möglichkeit, dein Denken zu verändern oder dich in der Beobachtung der Gedanken zu üben. Auch so erzielst du eine wahrnehmbare Wirkung im Außen. Es ist wie eine Aufwärtsspirale, durch das Erkennen, das Entscheiden, aktive Tun oder Lassen erzielst du bestimmte Wirkungen. Sofort setzt du eine andere Ursache. Vielleicht fragst du dich: Wie erkenne ich am besten, ob und was zu tun ist oder nicht? Es ist die Eigenverantwortung. Im Wort steckt bereits die Lösung: Eigen-ver-antwort-ung. Ich mache mir die Antworten zu eigen. Ich finde auf Fragen die geeigneten Antworten. Für jedes Problem habe ich eine eigene Lösung. Und plötzlich öffnen sich nicht nur Türen, sondern Tore.

Tun und wirken – deine Reflexion zu Kapitel 10

Nun zu dir. Hier noch drei Fragen für dich persönlich.

Denke an eine konkrete Situation, in der du einen vermeintlichen Fehler gemacht hast, für den du dich vielleicht noch schuldig fühlst. Was spürst du, wenn du dich davon befreist und dir selbst neutral und ohne Bewertung sagst: »Ich habe hier eine wesentliche Erkenntnis gewinnen dürfen«?

Gibt es aus dieser Erkenntnis, die du gewonnen hast, konkret etwas zu tun oder nicht? Wenn ja, was ist der nächste Schritt?

Wie verändert sich dein Wirken durch diese Erkenntnis? Was ändert sich in deiner Ausstrahlung? Was möchtest du bewirken?

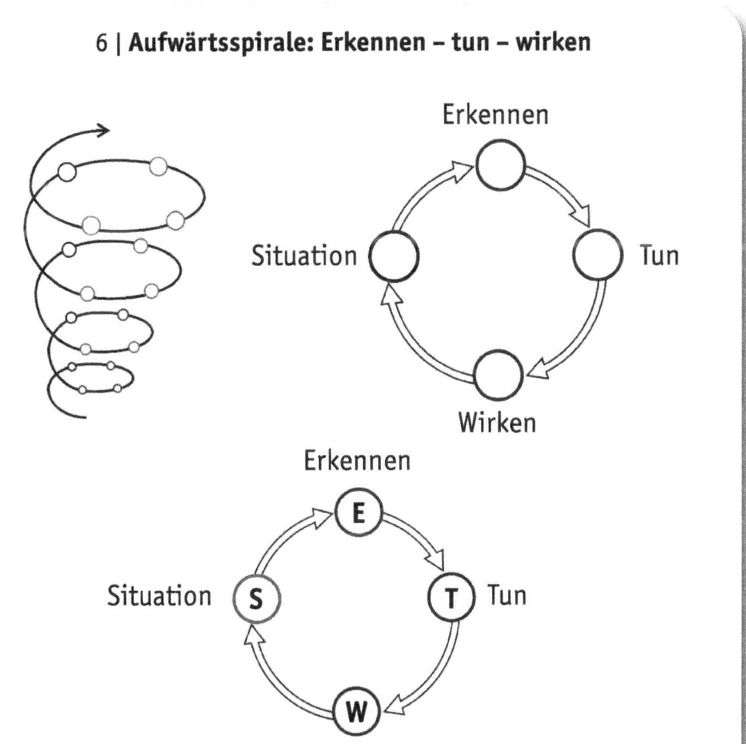
6 | **Aufwärtsspirale: Erkennen – tun – wirken**
Erkennen
Situation
Tun
Wirken
Erkennen
E
Situation
S
T
Tun
W
Wirken

11. Dein Fünf-Punkte-Plan zu gelebter Eigenverantwortung

von Susan Omondi

Um in die Umsetzung zu kommen, brauchst du neben dem Zusammenspiel aus Erkennen, Tun und Wirken einen Plan und dieser Plan sollte einfach, übersichtlich und praktikabel sein. Daher stellen wir dir hier einen Fünf-Punkte-Plan zur Verfügung. Es sind nur fünf Punkte, damit dein Handlungsplan auf eine Seite passt. Das muss aber nicht so bleiben, du darfst den Ansatz gerne ergänzen, wo du es für richtig hältst, doch behalte immer das große Ganze im Blick.

An dieser Stelle ist es wichtig, zu verstehen, dass das, was du bewusst im Einklang mit deinen Werten tust, Gutes bewirkt. Ob du darüber redest oder nicht, ob andere das sehen oder nicht. Du setzt klar deine Grenzen und bist klar in deiner Kommunikation zu dir selbst und zu anderen.

Rolf Dobelli zeigt nachvollziehbar in seinem Buch »Die Kunst des guten Lebens« auf, dass der Kreis der Würde einer der Wege zum Glück ist. Dieser Kreis der Würde entsteht nicht durch Nachdenken, er kristallisiert sich mit der Zeit heraus. Er empfiehlt weiterhin (2020: 168): »Fassen Sie Ihren Kreis der Würde eng. Ein kleiner Kreis ist besser als ein großer. Aus zwei Gründen. Erstens: Je mehr Sie in den Kreis packen, desto mehr geraten diese Dinge miteinander in Konflikt. [...] Zweitens: Je weniger Sie in diesen Kreis packen, desto ernsthafter können Sie für Ihre Überzeugungen einstehen, desto besser können Sie sie schützen. [...] Seien Sie also extrem vorsichtig in der Wahl Ihrer Non-Negotiables, Ihrer nicht verhandelbaren Prinzipien.«

Mit anderen Worten, wie meine Co-Autorin Alexandra dir in »Teil 2: Entdecke das Gemeinsame – schaffe Verbindungen« nahegebracht hat: Sei du selbst und dir treu! Mache dir einen Plan mit den für dich wichtigsten Werten in deinem Leben. Je weniger und konkreter, desto besser.

Wie kannst du nun auf lange Sicht die Eigenverantwortung leben und deinen Einflussbereich erweitern? Wie kannst du mit deinen Produkten, die Umgebung von Menschen auch länger, als du selbst existierst, positiv beeinflussen, ohne deine Werte zu verletzen? Genau solche Fragen stellen sich erfolgreiche Menschen.

Die Grafik liefert dir eine Übersicht. Die Checklisten pro Punkt helfen dir, das jeweilige Ziel zu erreichen. Die Fragestellungen sind nur Hilfestellungen für dich. Du wählst, welche davon dich weiterbringen. Die anschließende Tabelle ist ein Template, eine Vorlage. Sie will dir helfen, deine Inhalte auf einen Blick parat zu haben.

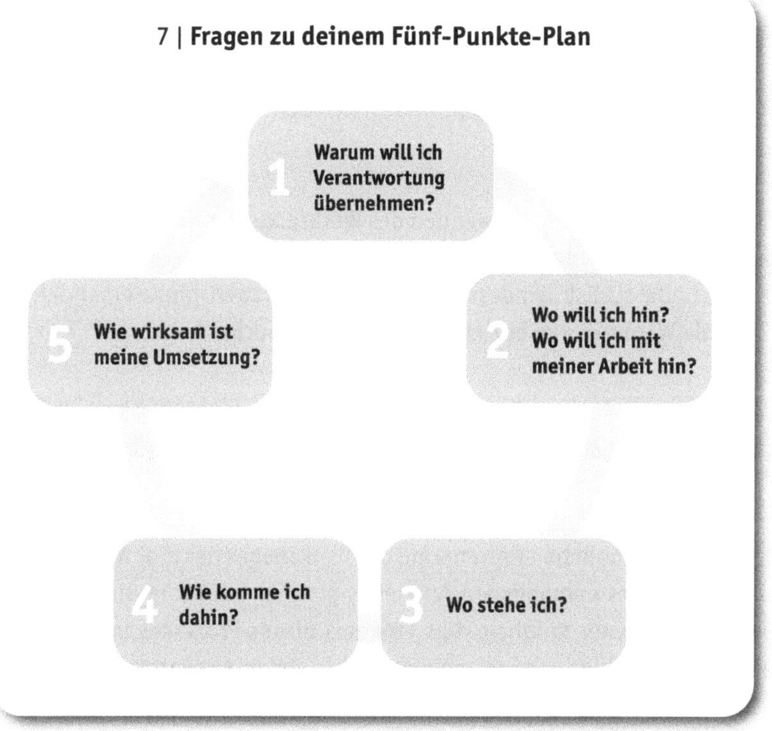

Ich weiß aus meiner Tätigkeit als Auditorin, dass jede Erkenntnis und jede sinnvolle Umsetzung mit den richtigen Fragen anfängt. Wenn Auditierte zu mir sagen: »Frau Omondi, Sie stellen die richtigen Fragen. Sie helfen uns, weiterzukommen«, dann geht mein Herz auf. Nutze die hier vorgestellten Fragen, passe sie an, ergänze sie mit eigenen, um die dann folgende Tabelle für dich auszufüllen. Sprich dabei alle relevanten Aspekte der Eigenverantwortung, die du im Buch kennengelernt hast, an: Proaktivität, den Einflussbereich samt Ressourcen und Emotion sowie das Reiz-Reaktions-Modell. Berücksichtige dabei auch konsequent dich selbst, wie du die Beziehungen zu anderen sowie gemeinsam mit deinem Team die Umgebung mit euren Produkten und Lösungen prägst.

Punkt 1: Warum ist es mir wichtig, Verantwortung zu übernehmen?
Sinnhaftigkeit ist der beste innere Motivator. Wer den Sinn verstanden hat, findet Lösungen. Dafür kannst du das Werkzeug der fünf Warums anwenden. Mithilfe der fünf Warum-Fragen findest du auch heraus, was dich persönlich antreibt.

Der große Vorteil beim Verwenden des Werkzeugs der fünf Warums ist, dass du weder mit der erstbesten Lösung zufrieden bist, noch Symptome bekämpfst. Du stellst mindestens fünf Warum-Fragen hintereinander; jede folgende Warum-Frage bezieht sich auf die vorherige Antwort.

> Tipp: Wenn du damit noch nicht vertraut bist, findest du hier eine gute Erklärung: https://kanbanize.com/de/lean-management-de/verbesserung/5-warums-analyse-tool.

In meiner persönlichen Anwendung des Werkzeuges der fünf Warums bis zur Ursache meines persönlichen Antriebes ging ich zurück in die Vergangenheit bis zu meiner Kindheit. Das Ergebnis dieses Prozesses ist eine starke emotionale Verbindung mit meinen Zielen. Deine Antworten findest du in deiner persönlichen Geschichte.

Fragen die du dir stellen kannst und anschließend mit dem Fünf-Warum-Werkzeug vertiefen kannst, sind:

- Warum ist mir das Thema Eigenverantwortung wichtig?
- Warum ist es mir wichtig, dass ich Verantwortung in Beziehungen zu anderen übernehme?
- Warum ist es mir wichtig, dass ich mit meinem Team für unser Wirken nach außen vorbildlich bin?
- Warum ergibt es Sinn, mit meinen Produkten und Dienstleistungen verantwortlich unterwegs zu sein?
- Warum lohnt sich eine gesellschaftliche Verantwortung?
- Warum lohnt es sich, meinen Einflussbereich zu erkennen, zu erweitern und zu nutzen?

Jede Anfangsfrage (siehe Beispiele oben), die du wählst, vertiefst du weiterhin mit den fünf Warums. Dabei ist nicht die Idee, dass du immer fünf Ebenen des Warums durchspielst, sondern dass du nicht bei der ersten Antwort bleibst. Zwei Ebenen können auch genügen. Hauptsache, du findest eine emotionale Bindung zu deiner Entscheidung. Beispiel:

Warum 1: Warum ist mir das Thema Eigenverantwortung wichtig?
Antwort 1: Damit ich selbst meine Wege gestalten kann, und nicht von Launen und Entscheidungen anderer abhängig bin.

Warum 2: Warum ist es mir wichtig, meine Wege selbst zu gestalten?
Antwort 2: Damit ich meinen Einflussbereich jederzeit erweitern kann.

Warum 3: Warum ist es mir wichtig, meinen Einflussbereich selbst zu erweitern?
Antwort 3: Damit ich persönlich und beruflich wachsen kann.

Warum 4: Warum möchte ich persönlich und beruflich wachsen?
Antwort 4: Damit ich frei leben kann - finanziell und emotional.

Warum 5: Warum möchte ich frei sein?
Antwort 5: Damit ich selbstbestimmt, glücklich und erfüllt leben kann.

Punkt 2: Wo will ich hin?
Du hast bestimmt bereits im Kopf dein Ziel visualisiert. Definiere deine Ziele: kurz-, mittel- und langfristig. Stelle sicher, dass jedes Ziel dich immer zu einer besseren Version von dir führt.

- Was möchte ich genau mit meiner Eigenverantwortung gestalten oder bewirken?
- Was möchte ich ändern, damit ich meinen Einflussbereich erweitere und nutze?
- Was möchte ich meinem Team mitgeben?
- Wie soll der Rahmen aussehen, damit mein Team performt, auch in meiner Abwesenheit?
- Was möchte ich als großes Ziel mit dem Gelernten erreichen? Als Beispiel könnte dienen: ein Buch schreiben oder Marktführer sein.
- Welche Ansätze können uns schnelle und sichtbare Erfolge geben (Quick Wins)?
- Habe ich eine Persönlichkeit identifiziert, an der ich mich orientiere?
- Habe ich priorisiert? Ich werde nicht alles auf einmal erreichen können. Ein guter Weg ist auch, diese Fragen zu beantworten: Wo will ich in einem Monat, in einem Jahr und in fünf Jahren hin (also kurz-, mittel- und langfristig)?
- Wo will ich mit meinen Lösungen hin?
- Was möchte ich mit meiner Arbeit und mit meinen Produkten oder Dienstleistungen bewirken?
- Was kann ich direkt dabei beeinflussen? Das würde auch bedeuten, dass ich mich einbringe und Themen konstruktiv anspreche, falls diese nicht direkt in meinem Einflussbereich sind.
- Kann ich verantworten, wie meine/unsere Lösungen die Welt beeinflussen?
- Worin investiere ich in Zukunft?

- Was möchte ich ändern, damit die Ergebnisse, die andere Menschen beeinflussen, im Einklang mit meinen Werten sind?
- Mit welchen Beziehungen möchte ich fortfahren?
- Sage ich konsequent Nein, wenn ich Nein meine?
- Ist mein Kreis der Würde eng genug?
- Konzentriere ich mich dabei auf meinen Einflussbereich und nicht auf meinen Interessenbereich?

Punkt 3: Wo stehe ich?
An dieser Stelle machst du eine Bestandsaufnahme. Es geht darum, sich den eigenen Status quo bewusst zu machen. Das sollte natürlich eine möglichst objektive Selbsteinschätzung sein. In einem Team ist es essenziell, das Gesamtteam zu betrachten, insbesondere wenn es um eine Stärken-Schwächen-Betrachtung geht. An dieser Stelle ist es uns wichtig, dir mitzugeben: Bitte stecke nicht zu viel Zeit und Ressourcen in Schwachstellen! Die bereits verfügbaren Stärken bringen euch weiter, nicht hingegen die Abarbeitung von Schwächen.

Meine Tochter ist gerade dreizehn Jahre alt. Sie malt sehr gerne, das ist ihre Stärke und damit drückt sie sich so klar aus. In der Schule ist sie zurückhaltend. Jedoch bewundern alle Mitschüler ihre Bilder. Sie erreicht die Menschen mit ihren Bildern. Ich hingegen bin ganz anders: Ich spreche gerne vor Leuten und erreiche Menschen mit meinen Vorträgen. Jeder Mensch hat seine Stärken und jeder kann mit ihnen viel erreichen.

Im Team sollten wir unsere Stärken einbringen können und einander ergänzen. Die Stärke des einen kann Schwächen des anderen ausgleichen und umgekehrt. Nur so erweitern wir unseren Einflussbereich. Dabei gibt es mehrere Wege, um zum Ziel zu kommen.

- Wie ist meine Haltung aktuell zur Eigenverantwortung?
- Wie ist die Haltung meines Teams?
- Worin bin ich bereits stark?

- Worin ist mein Team stark, gesamt gesehen?
- Wo stehe ich in Beziehung zu mir selbst und zu anderen und im Team?
- Welche sind meine wichtigsten Werte, die mich und mein Team bisher antreiben?
- Welche ethischen Werte geben uns Handlungsorientierung in der Entscheidungsfindung?
- Wie wirken wir nach außen mit unseren Produkten und Lösungen?
- Welche Ressourcen und Beziehungen stehen mir aktuell zur Verfügung, bezogen auf das in Punkt 2 festgelegte Ziel?
- Habe ich für mein Team den geeigneten Rahmen geschaffen?

Punkt 4: Wie komme ich dahin?

Hier erstellst du eine Skizze mit deinen verfügbaren Ressourcen und mit konkreten Meilensteinen, die du erreichen möchtest. So entsteht deine Roadmap des Handelns. Sie zeigt dir, wie du von deinem Status quo zu deinen Zielen kommst:

- Was brauche ich konkret dazu?
- Wen brauche ich konkret dazu?
- Habe ich eine Roadmap oder einen Umsetzungsplan?
- Gehe ich systematisch vor?
- Brauche ich Checklisten, beispielsweise um sicherzustellen, dass mich jede Aktivität näher an meine Vision und Ziele bringt?
- Brauche ich Checklisten, um sicherzugehen, dass meine Designs meine Werte berücksichtigen?
- Tragen die definierten Maßnahmen dazu bei, dass mein Einflussbereich wächst? Übernehme ich dabei Verantwortung für mich selbst und für die Gesellschaft?
- Habe ich die Maßnahmen entsprechend priorisiert?
- Welche Ressourcen brauche ich?
- Welche Emotionen brauche ich?
- Habe ich auch leicht umsetzbare Ziele für schnelle Erfolge?
- Ist mein Team entsprechend involviert und einbezogen?

- Habe ich für mein Team den Rahmen für die neue Ausrichtung geschaffen?
- Welches Wissen und welche Technologie sind für uns relevant, um voranzukommen?
- Welchen Ballast lasse ich los, um mit voller Energie voranzukommen?
- Was delegiere ich, damit ich mehr Raum und Kapazität für mehr Einfluss habe?

Punkt 5: Woran erkenne, ich dass ich gut vorankomme?
An dieser Stelle definierst du für deinen Fünf-Punkte-Plan Messindikatoren, damit du dein Ziel nicht aus den Augen verlierst. Deine Ziele sind so klar und messbar, sodass du jederzeit sagen kannst, wo du stehst und was es noch braucht, um voranzukommen. Du setzt weiterhin bewusst den bewährten Ansatz »Plan-Do-Check-Act (PDCA)« aus dem Qualitätsmanagement ein, um systematisch Fortschritte zu machen. Der PDCA-Ansatz erleichtert dir den Start. Mit der Zeit wirst du dich verbessern.

- Habe ich meinen Plan umgesetzt?
- Wie wirksam ist meine Umsetzung?
- Habe ich Intervalle für die Überprüfung festgelegt?
- Woran erkenne ich, ob ich auf dem richtigen Weg bin?
- Woran erkenne ich jeden Tag, ob ich verantwortlich unterwegs bin?
- Woran erkenne ich, ob mein Team verantwortungsvoll unterwegs ist?
- Woran erkenne ich, ob meine Produkte und Lösungen einen positiven Beitrag für die Menschen und ihre Umgebung leisten?
- Kann ich jeden Tag, jede Woche, jeden Monat und jedes Jahr eine Aussage über meine Zielerreichung treffen?
- Was habe ich mir in Bezug auf das große Ziel vorgenommen (PLAN)? Was habe ich ausgeführt (DO)? Wie wirksam ist meine Maßnahme (CHECK)? Und schließlich: Gibt es Handlungsbedarf (ACT)?
- Bringt mir ein Tagebuch etwas? Falls es dir hilfreich erscheint, führe dreißig Tage lang ein Tagebuch, zum Beispiel mithilfe dieser Fragen: Wo stehe ich mit meinem Plan? Erweitere ich dabei meinen Einflussbereich?

Übernehme ich Verantwortung für mich, für das Team und mit unseren Produkten und Lösungen? Handele ich im Einklang mit meinen Werten?
- Ist der Kreis geschlossen? Agiere ich bei Handlungsbedarf entsprechend?
- Ist mein Team angemessen involviert?

Die nun folgende Tabelle ist ein Weg, um deine Erkenntnisse zu priorisieren. Damit ist dein Ergebnis im Idealfall auf einer Seite ersichtlich. Starte direkt, nicht erst, wenn du glaubst, alles perfekt vorbereitet zu haben. Es lohnt sich. Gerne kannst du auch zunächst mit der ersten Spalte starten und nach und nach die Themen zu deinen Beziehungen und zum Team bearbeiten.

Ebene Ich als Mrs./Mr. Eigenverantwortung	Eigenverantwortung in Beziehung mit anderen	Eigenverantwortung, um mit meinem Team das Umfeld zu prägen
Warum für mich? Top 1 hier erwähnen	Warum ist Eigenverantwortung in Beziehungen wichtig? Top 1 hier erwähnen	Warum mein Umfeld prägen? Top 1 erwähnen
Wo will ich hin? Was möchte ich unbedingt verbessern? Top 3	Wo will ich hin mit meinen Beziehungen? Top 3	Wo will ich hin mit meinem Wirken/meinen Produkten? Top 3
Wo stehe ich? Top 3 der relevanten Punkte	Wo stehe ich in Beziehungen? Top 3 der relevanten Punkte	Wo stehe ich bezüglich des Einflusses auf mein Umfeld? Top 3 der relevanten Punkte
Wie komme ich hin? Chancen und Risiken. Top 3 der Maßnahmen inklusive Ressourcen	Wie komme ich zu verantwortungsvollen Beziehungen? Top 3	Wie komme ich zu verantwortungsvollen Lösungen? Top 3
Woran erkenne ich, dass ich vorankomme? Top 3 der Messindikatoren	Woran erkenne ich, dass ich die richtigen Beziehungen pflege? Top 3 der Messindikatoren	Woran erkenne ich, dass wir das Umfeld positiv prägen? Top 3 der Messindikatoren

Hast du die Tabelle für dich ausgefüllt? Falls du noch zögerst, ist das nicht schlimm. Nimm dir Zeit. Beginne erst, wenn du für dich bewusst entschieden hast, dass du den Weg der Eigenverantwortung gehen und in der Welt wirken möchtest.

Falls du schon direkt begonnen hast: Gratulation! Keiner ist perfekt, und niemand erwartet von dir perfekte Lösungen. Es ist ein Prozess. Scheitere schneller und wachse im Prozess.

Nun bist du befähigt, auch deine Erkenntnisse umzusetzen, eigenverantwortlich zu handeln – mit einem fokussierten Blick auf einen positiven Einfluss auf die Menschen und auf die Umgebung, in der sie leben.

Damit ist der Hauptteil unseres Buches nun zu Ende. Nach den Erkenntnissen zu diesem Kapitel darfst du im nächsten Schritt deine persönlichen Erkenntnisse, kombiniert mit deiner Story, festhalten.

Tun und wirken – deine Reflexion zu Kapitel 11

Nun zu dir. Hier sind einige Fragen zur Reflexion.

Wie leicht fällt es dir, eine Selbsteinschätzung vorzunehmen? Hast du eventuell jemanden in deinem Umfeld, mit dem du darüber reden kannst und der dich konstruktiv unterstützen kann?

Es kann hilfreich sein, deinen Plan jemandem zu zeigen – so committest du dich. Die Erfahrung belegt: Wenn Menschen darüber berichten, was sie tun, bleiben sie dran und sind konsequenter in ihrem Tun. Setzt du allein um oder zeigst du jemandem deinen Plan?

Proaktive Menschen sind höchst effektiv. Übe den Plan-Do-Check-Ansatz, auch wenn dein Fünf-Punkte-Plan heute noch nicht fertig ist. Frage dich: Was habe ich mir vorgenommen (PLAN)? Habe ich das Vorhaben wie geplant ausgeführt (DO)? Wie erfolgreich oder wirksam war die Umsetzung (Check)? Gibt es daraus noch weitere Erkenntnisse oder Handlungsbedarf (ACT)?

12. Deine persönlichen Erkenntnisse

von Susan Omondi und Alexandra Lang

Du hast bestimmt während des Lesens schon den einen oder anderen nützlichen Gedanken für dich gehabt. Beim reflektierenden Blick auf deine Geschichte hast du sicherlich Situationen entdeckt, die du, falls sie erneut auftreten, nun anders angehen würdest. Damit bist du bereits in einem Prozess aus Erkennen, Tun und Wirken angekommen. Lass uns das gleich hier vertiefen und überlegen, wie du mit neuem Selbstvertrauen die Eigenverantwortung für den wichtigsten Menschen, den du hast: Für dich selbst: lebendig werden lassen kannst. Was sind nun deine persönlichen Erkenntnisse, bezogen auf deine Erlebnisse und auf den Kontext, in dem du aktuell bist?

Beantworte bitte die folgenden Fragen.

Nach diesem Buch bedeutet Eigenverantwortung für mich ...

Wie stärke ich mich ab heute durch die Differenzierung des Einfluss- und Interessenbereiches?

Worauf achte ich ab heute, wenn ich Beziehungen aufbaue, pflege und ernte?

Wie werde ich ab heute Werte und Erwartungen klären?

Wie befähige ich mich selbst und auch die anderen?

Welche Welt möchte ich für die Nachkommen hinterlassen?

An welche Person möchte ich mich, wenn ich fünfundachtzig Jahre alt bin, zurückerinnern?

Welche drei neuen Erkenntnisse nehme ich nach dem Lesen dieses Buches mit?

Teil 5: Inspirierend – wie Bruno Schenk Eigenverantwortung lebt

von Alexandra Lang

Mit Menschen Beziehungen aufzubauen und zu pflegen, das ist uns wichtig und lässt unser Herz höher schlagen. So teilen wir unsere Erkenntnisse, Impulse und Wissen gerne mit anderen Menschen. Das geschieht über Social Media, Vorträge und natürlich im Rahmen dieses Buches. In einem unserer Social-Media-Beiträge ging es einmal darum, dass beidseitig empfundene Sympathie die Ausgangsbasis für unser Tun ist. Wenn wir im Team agieren, erreichen wir so viel mehr – getreu dem Motto: Eins plus eins gleich drei. Wir gaben über LinkedIn auch bekannt, dass wir an einem Buch schreiben, in dem wir die Wichtigkeit der Proaktivität betonen wollen sowie die Umsetzung von Wissen. Beim Lesen der Kommentare zu dem Beitrag sahen wir an einem der folgenden Tage plötzlich folgende Nachricht von Bruno Schenk: »Cooles Projekt, bin gespannt auf das Buch – mehr gerne direkt und nicht public.«

Bruno Schenk ist in der Schweiz nicht irgendwer, sondern gerade in der IT-Branche sehr bekannt und geschätzt. Bruno Schenk ist Länderverantwortlicher bei Atos und künftig bei Eviden.

Wir nutzten die Chance und erwiderten die Kontaktaufnahme von Bruno, und fragten ihn, ob wir ihn für unser Buch interviewen dürften. Das erachteten wir als spannend, schließlich gilt er als ein international erfahrener Topleader und eine inspirierende Persönlichkeit. Bruno freute sich riesig – und Susan und ich noch mehr. Gesagt, getan. Zu dem Zeitpunkt hatten wir schon alle Kapitel unseres Buches geschrieben; das Buch war also fast fertig. Doch Gelegenheiten, die sich bieten, soll der Mensch nutzen, daher gibt es hier nun noch einen besonderen Mehrwert: Storys und Erkenntnisse von jemandem, der Eigenverantwortung lebt und zwar seit Jahren. Die folgenden Seiten haben nicht den Anspruch, den alleinigen Weg zu Eigenverantwortung aufzuzeigen. Unsere Intention ist eine andere. Mit dem Interview von Bruno wollen wir aufzeigen, dass Eigenverantwortung ein wirksamer Weg ist, sein Leben anzupacken. Wie ginge das besser als aus dem Leben Berufsalltag direkt zu berichten. Nicht aus unserem, sondern aus dem Blickwinkel einer Führungskraft, die jeden Tag mit und für Menschen unterwegs ist.

Das Interview ist am 27. Januar 2023 in Zürich entstanden. Die Stimmung, die Energie, die Emotionen machen unser Leben aus, unsere Lebendigkeit. So ist das Interview lebhaft wiedergegeben mit allem, was ist. Viel Freude und tolle Erkenntnisse wünschen wir dir.

13. Wer ist Bruno Schenk?

von Alexandra Lang

Bruno Schenk ist Länderverantwortlicher bei Atos, künftig bei Eviden und verfügt über mehr als fünfundzwanzig Jahre Führungserfahrung in verschiedenen Branchen. Im Laufe der Jahre hat er Fähigkeiten in mehreren Bereichen erworben, darunter allgemeines Management, Business Development, Change- und Transformationsmanagement, Nachhaltigkeit, Unternehmenssystemberatung und organisatorische Agilität. Aufgrund seines reichen Erfahrungsschatzes in verschiedenen globalen Geschäftsfunktionen in Asien,

Europa und Amerika hat er ein profundes Wissen darüber entwickelt, wie Menschen mit unterschiedlichen Hintergründen und Kulturen am besten zusammenarbeiten, um erfolgreich zu sein.

In seiner Freizeit ist Bruno ein begeisterter Radsportler und verbringt gerne Zeit mit seiner Familie in der Natur. Er schloss sein Studium an der Harvard Business School mit dem Advanced Management Program 181 ab, hat einen EMBA, MAS, ist eidgenössisch diplomierter Wirtschaftsinformatiker und verfügt über einen eidgenössischen Fachausweis als Projektleiter Informatik. Er investiert jährlich viel Zeit in ständiges Lernen, sei nun über Weiterbildungen oder Lektüre. Die neuesten Kurse sind: Nachhaltigkeit und CSR an der London Business School, Machine, Platform Crowd am MIT und Cyber Security for Executives am IMD. Derzeit studiert er Value Creation, Vison and Leadership unfolding Excellence am INSEAD.

Er lebt mit seiner Frau Melissa und seinem Sohn Jamie Terry im schweizerischen Remetschwil.

14. Eigenverantwortung und Einflussbereich bei Bruno

von Susan Omondi

»Wir hatten kein Geld, da, wo ich herkomme. Alles, was ich jetzt habe, ist selbst erarbeitet. Profit und Lohn kamen immer im Nachgang. Zunächst gilt es, in sich selbst zu investieren«, sagt Bruno Schenk zu Beginn unseres Gesprächs über »Eigenverantwortung. Das Beste, was dir passieren kann.« Ein Thema, das er für sich und sein Team fördert und fordert. Das Bewusstsein für eigenverantwortliches Handeln zieht sich wie ein roter Faden durch seine Erzählungen und Geschichten.

Brunos Hobby ist Fahrradfahren, das er, wie er uns offenbart, für mehr Energie und zum Ausgleich braucht. In einer Videostory »Atos AG, Switzerland – a brief introduction with Bruno Schenk« (https://www.youtube.com/watch?v=zLAAYdAcses) verbindet er sein Hobby mit der Vorstellung seines Unternehmens Atos AG, Switzerland. Später wurde er Länderverantwortlicher von Eviden.

Auf einer Fahrradtour besuchte er an einem Tag die Atos-Standorte von Zürich über Basel, Bern und Vevey bis nach Nyon. Damit schafft Bruno zum einen eine Markenbindung zu seinem Unternehmen, zum anderen geht es auch darum, die Kreativität im Unternehmen zu fördern. Dieses Video vor dem ersten persönlichen Treffen zu sehen, steigerte bei uns Interviewerinnen die Vorfreude auf das Gespräch. Es machte den Austausch mit Bruno locker und intensiv zugleich. Wie viele CEOs kennst du, die ihr Unternehmen auf diese oder ähnliche Weise vorstellen?

Natürlich möchten wir auch wissen, ob Bruno beispielsweise ein tägliches Ritual hat, um sich daran zu erinnern, dass ihn Eigenverantwortung weiterbringt.

»Ich sage immer, meine Schwäche ist Disziplin. Ich werde immer dahin korrigiert, dass Disziplin doch eine Stärke sei. Denn was ich im Kopf habe, mache ich auch konsequent.«

Für die kleinen täglichen Erfolgserlebnisse erledigt Bruno jeden Tag mindestens drei Dinge, die ihm gerade wichtig sind und die er morgens auf einem Post-it notiert. Er geht erst ins Bett, wenn diese drei Dinge erledigt sind. Diese können persönlich, beruflich oder für seine Familie sein.

Zu Brunos Erfolgsgeheimnis gehört es außerdem, Zeitfenster im Terminkalender für Unerwartetes zu reservieren. So kann er, wie er nachvollziehbar erklärt, auf Überraschungen reagieren und wird dabei dennoch nicht ausgelaugt.

Wir wollten von Bruno wissen, warum ihm Eigenverantwortung im Leben wichtig ist. »Warum bin ich da?«, »Was will ich?« und »Was bedeutet Eigenverantwortung für mich?« Diese drei Fragen sind für ihn im Zusammenhang mit Eigenverantwortung elementar:

Er ist sich darüber bewusst, dass jeder Mensch Eigenverantwortung anders definiert, seine eigenen Beweggründe hat und diese unterschiedlich lebt. Er bestätigt damit den ersten Punkt in unserem Fünf-Punkte-Plan (siehe Kapitel 11).

Wir hören deutlich heraus: Durch gelebte Eigenverantwortung findet Bruno Sinnhaftigkeit in seinem Sein und Tun. Im Unternehmen verlangt er Eigenverantwortung und Disziplin auch von seinen Mitarbeitenden. Für ihn ist das der Schlüssel, damit Teams erfolgreich zusammenarbeiten. Darüber hinaus stellt er sich immer die Frage: »Warum braucht es die Firma Atos? Was wäre, wenn die Kunden und Mitarbeitenden nicht da wären?«

Wir fassten nach und fragten weiter. Mit drei Fragen gingen wir auf Schatzsuche.

1. Welche Bedeutung hat Eigenverantwortung für dich?

»Sich bewusst sein.«

Bruno geht noch tiefer auf diese Frage ein: »Ich bin im Berner Oberland aufgewachsen und habe nie an die große Welt gedacht. Wenn ich jetzt sehe, wo ich stehe, was ich erreicht habe und was ich mir selbst erarbeitet habe, bin ich mächtig stolz drauf.« Und das zu Recht. Aus Brunos Erzählungen hören wir heraus, dass manchmal Glück dazugehört. Allerdings ist dabei entscheidend, wie wir diese Chance nutzen. Er ergänzt: »Nebst Glück brauchst du ein Umfeld, in dem du dein Potenzial ausschöpfen kannst, und Mentoren, die dich herausfordern.«

Eigenverantwortung heißt für Bruno weiterhin, mit sich selbst zufrieden zu sein, seine Grenzen zu kennen (Was willst du? Was willst du nicht?), Mut, etwas zu wagen, und nicht aufzugeben. Der Länderverantwortliche von Eviden fasst nachvollziehbar und mit einem Lächeln sowie mit Überzeugung zusammen: »Am Schluss ist Eigenverantwortung, ›humanity‹, also Menschlichkeit.«

2. Hast du eine Story oder zwei, bei der du involviert warst, die diesen Satz »Eigenverantwortung als Schlüssel zum persönlichen Erfolg« unterstreicht?

Bei dieser Frage erinnert sich Bruno gerne an den Tag zurück, als er im Alter von nicht einmal dreißig Jahren zu einer Vorstandssitzung nach Zürich eingeladen war, im Anschluss an einen sogenannten Green Day, also einen Mitarbeitertag, an dem die Strategie, erreichte Meilensteine und nächste Schritte in Workshops für das Unternehmen eruiert wurden. Die Workshops begleitete ein externer Coach, der mit seiner Vorgehensweise provozierte. Am Abend wurde er zur Geschäftsleitung gerufen: »Bruno, kannst du zu uns kommen? Wir haben ein paar Fragen an dich.«

Bruno dachte sich: Okay, es kann zwei Gründe geben. Entweder bin ich zu weit gegangen, und ich bekomme eine Abmahnung, oder sie schätzen, was ich gesagt habe«. Er wurde gefragt: »Was denkst du, warum du hier bist?« – und gab genau diese Antwort: »Entweder gebt ihr mir eine Abmahnung oder ihr schätzt meine Vorgehensweise.«

Die Vorstandsmitglieder antworteten: »Wir möchten, dass du in die Geschäftsleitung kommst und uns das vorlebst.«

Bruno sagte nicht sofort Ja zu diesem Angebot, sondern: »Ich fühle mich geehrt, aber ich möchte mich nicht sofort entscheiden.« Das geschah aus gutem Grund. Wir folgen Brunos Erzählungen intensiv, während er uns erklärt, wie er Entscheidungen trifft. Für ihn bestehen sie aus der Trilogie von Bauch (Grundgefühl), Kopf (Logik, faktenbasiert) und Herz (nach Werten).

Wenn alle drei Ebenen stimmig sind, dann trifft er eine positive Entscheidung.

Ihm wurde im Nachgang auf seinen Wunsch der externe Coach zur Verfügung gestellt, der ihm sagte: »Bruno, super gemacht und toll, dass du den Workshop weiter mit mir verarbeiten möchtest.«

»Der Coach gab mir Mut, warf aber auch Fragen bei der Verabschiedung auf: ›Bruno, denke an dein Potenzial; das ist eine Station, nicht das Ende.‹«

Bruno war verärgert über diese Äußerung: »In meiner Welt habe ich schon alles erreicht – und das bereits vor meinem dreißigten Geburtstag. Warum können wir uns nicht einfach darüber freuen?« Er war sauer auf den Mann. Der Coach war der Ansicht, dass er viel mehr Potenzial hätte, dass Bruno über die Schweiz hinausdenken solle, und ließ nicht locker. Sein damaliger Begleiter sah bereits viel mehr in Bruno als er in sich selbst.

Vier Jahre später wagte er den nächsten Karriereschritt, denn der Coach sollte recht behalten. Bruno resümiert: »Das war wirklich nur eine Station, nicht die Zukunft.«

Wir hören neugierig zu und erkennen: »Manchmal sehen andere mehr in uns selbst, als wir selbst es tun. Es gilt, diese Herausforderung anzunehmen.«

Diese Erfahrung bewegt Bruno lange und ermutigt ihn immer wieder, etwas zu wagen und risikofreudig unterwegs zu sein. Oft beschreiben Kollegen und Geschäftspartner ihn als »Transformer«. Er steht dazu und betont: Ein »Human Transformer«, denn Menschlichkeit ist ihm wichtig.

Bruno verdeutlicht, wie essenziell es sei, die Rahmenbedingungen im Zusammenhang mit Eigenverantwortung als Schlüssel zum Erfolg zu klären. In seinen Erfahrungen als COO in Indien und General Manager in Bulgarien machte er seinen Auftraggebern immer wieder klar, unter welchen Bedingungen er arbeiten wollte: »Klären wir den Rahmen, dann performen wir, also das Team und ich. Nach dem Motto: Das ist mein Garten, in diesem Garten darf ich mich bewegen.« Damit er in seinem »Garten« Ergebnisse erzielen konnte, so betont er, blieb er so transparent wie möglich und setzte auf sein globales Team. Das Klären der eigenen Rahmenbedingungen gab ihm stets die Freiheit, das Wie mit seinem Team frei definieren zu dürfen, um die erwünschten Ergebnisse zu erzielen. Er denkt gerne an seine Zeit in Bulgarien zurück, wo er innerhalb von fast drei Jahren mit der Mannschaft Spaß und Disziplin bei der Arbeit zeigte und dadurch sogar neues Business generieren konnte.

Die folgenden Kernelemente für Eigenverantwortung, die zum Erfolg führen, sind laut Bruno: »Mut haben, Vorbild sein, Grenzen setzen, den Raum geben und machen lassen.«

Andere bestätigen das so: »Bruno kann direkt sein, jedoch immer auf das Human Element und auf den Purpose ausgerichtet.«

3. Wie schaffst du es, deinen Einflussbereich stetig zu erweitern?

Wir haben bereits gesehen, dass Bruno seinen Einflussbereich durch Risikofreude erweitert. Treffend ergänzt er: »Am Schluss, wenn du etwas wagst, erlebst du einen Erfolg oder einen Misserfolg. Ein Misserfolg ist auch ein Erfolg, weil du etwas daraus lernst.«

Folgenden Rat gibt er direkt an dich weiter, liebe Leserin und lieber Leser: »Wenn du darauf aufbaust (auf Erfolg oder Misserfolg) und reflektierst, sehen die Menschen, dass du Respekt und Vertrauen ausstrahlst. Respekt und Vertrauen sind zwei Schlüsselelemente, die zeigen, dass es zusammen am besten geht. Damit wird ein Wirgefühl definiert. Leider wird bei Misserfolg zu oft und zu schnell kritisiert.«

Bruno weiß, dass Aussagen wie »Wir haben gewusst, dass es schiefgeht« nichts bringen, sondern den Einflussbereich nur schmälern. Denn ohne Wagnis, ohne Mut zum Risiko entstehen keine (neuen) Erkenntnisse.

»Wenn du jedoch auf das Erreichte aufbaust, kannst du immer Einfluss nehmen. Die Leute um dich herum sehen das, und du hast – dank Respekt und Vertrauen – das Team, die Kunden, deine Partner – hinter dir.«

Hier kommen Leadership und Management zusammen.

»Du kannst immer Einfluss nehmen, indem du authentisch und integer bleibst – nach oben und nach unten und mit den Menschen um dich herum. Leadership bedeutet, adaptive Veränderung vorzuleben, beim Management hingegen geht es um die technische Umsetzung. Dessen muss man sich immer bewusst sein.«

Unsere Beobachtung ist, dass Menschen eher dem folgen, was du tust, nicht dem, was du sagst. Darauf reagiert der CEO mit einer starken Energie. Ihm ist genau das sehr bewusst, und er lebt diese Vorbildfunktion vor: Er führt uns daraufhin die dir vielleicht bekannte Aufwärmtechnik »Eisbrecher« vor, indem er uns auffordert, bei drei in die Hände zu klatschen. Da er auch selbst klatscht, folgen wir intuitiv und klatschen mit den Händen, bevor er »drei« sagt. Wir verstehen seine Botschaft und lachen herzlich dabei. Wir haben es verinnerlicht. Er schließt diesen Abschnitt mit dieser Aussage, die wir dir auch ans Herz legen:

»Wenn du nicht lebst und vorlebst, authentisch bleibst, Spaß und Inspirationen bringst, dann folgen dir die Menschen nicht.«

15. Wie Bruno Beziehungen aufbaut, pflegt und erntet

von Alexandra Lang

Beziehungen aufbauen, pflegen und ernten sind ein essenzielles Thema in der heutigen Zeit aus unserer Sicht, gerade weil schon sehr viel im Geschäftsleben digital läuft. Die Coronapandemie hat uns aber gezeigt, wie bedeutend der echte Kontakt mit den Menschen ist. Umso schöner war es für uns, dass wir das Interview mit Bruno Schenk in einem Meeting-Raum in Zürich persönlich – von Angesicht zu Angesicht – führen konnten.

Als Länderverantwortlicher von Eviden in der Schweiz führt er über fünfhundert Mitarbeitende, daher interessierte uns brennend, wie er seine Beziehungen im Job aufbaut, pflegt und erntet. Sein Zauberwort hierzu lautet Authentizität. Er spricht Authentizität mehrmals an, weil jeder Mensch unterschiedliche Bedürfnisse habe und diese auch anders auslebe:

»Authentisch bleiben nach oben und nach unten.«
»Authentisch bleiben ist wichtig.«

Zentral ist für ihn außerdem, dass klar kommuniziert wird. So stellt er Kunden die Frage: »Wie wollen wir kommunizieren?«

»Wenn etwas dringend ist, gibt es einen Anruf, sonst habe ich nie Feierabend. Wenn es eine E-Mail ist, dann ist es nicht dringend.«

Er sagt über sich selbst, dass er sehr direkt sein kann. Wir schmunzeln ein wenig über sein klares Statement und seine Offenheit.

Vertrauen zum Gegenüber dürfte für Bruno Schenk auch essenziell sein. Sehr oft fällt außerdem bei Bruno Schenk das Wort Mut. Er meint, dass es oft eine toxische Umwelt gebe: Es bestünde die Angst, einen Fehler zu machen, denn dann hieße es, es sei Geld verbraten worden. Den Menschen erlauben, Fehler zu machen, das ist ein wichtiges Anliegen für ihn. Und so führe er auch. Er hat selbst erlebt, wie Menschen in einer Krise enger zusammenwachsen. Im Business ist er Fan von Empowerment.

Für ihn zählt auch die Offenheit, beim nächsten Mal etwas anders zu machen. Daily Business, das Tagesgeschäft, werde zwar oft als Ausrede dafür verwendet, dass doch alles beim Alten bleibe und nichts Neues ausprobiert werde. Aber genau diese offene Türe brauche es als CEO.

Wir schmunzeln und spüren definitiv seine Leidenschaft, Energie, seine Schnelligkeit im Denken – in dem Bedürfnis, all diese wertvollen Erfahrungen an andere weiterzugeben.

1. Welche sind deine fünf wichtigsten Eigenschaften, die dich für andere anziehend machen?

Es braucht viele Eigenschaften als erfolgreicher Leader. Bruno hat in der Vorbereitung auf das Gespräch lang überlegt, was diese Qualitäten sind, verrät er uns. Dann kam es wie aus der Pistole geschossen:

»Wenn ich sage, ich mache es, dann mache ich es. Ich habe Disziplin und Mut. Ich sehe immer das Positive, mache verrückte Sachen und bin authentisch. Die Erfolge sprechen für sich.«

Fassen wir diese fünf Eigenschaften zusammen:

Diszipliniert sein

Wenn Bruno sagt, er macht es, dann macht er es. Er wäre nicht dort, wo er jetzt ist, hätte er nicht Disziplin bewiesen und aufgebracht – über die ganzen vielen Jahre. Die Ziele im Team sind und waren klar, auch Tagesziele setzt er sich, die er erreicht. Nicht nur im Business, auch beim Fahrradfahren zeigt er Disziplin. Er bleibt stets dran. Kritiker von außen, die schon mal meinten, er fahre zu viel Fahrrad, irritieren ihn nicht, denn die Resultate im Business sprechen für ihn.

Führen mit Sinn

»Ich versuche, Menschen zu begeistern, einzubeziehen.«
»Ich muss mich selbst in das Bild setzen, ich kann nicht etwas von meinen Mitarbeitenden erwarten, was ich selbst nicht mache.«
»Warum machen wir das, was wir machen?«

Vision, Mission und Team – das sind für Bruno die Schlüsselwörter für Führen mit Sinn. Ihm ist es wichtig, sich oft zu treffen, dann jedoch eher kurz. So könnten Probleme oder Möglichkeiten früher erkannt werden.

»Values sind Werte. Jeder hat ein anderes Verständnis, ich gebe es vor.«

Zudem will er wissen, was Menschen bewegt. »Was bewegt dich?« Diese Frage stellt er seinen Mitarbeitenden oft. Es geht ihm darum, den einzelnen Menschen dort abzuholen, wo er gerade steht, und ihm vor allem die Angst zu nehmen. Stay human, be human. Der Mensch steht für ihn im Vordergrund – the »Human Element«, wie er oft betont.

Authentisch sein

»Authentisch sein, Mensch sein, mit allen Gefühlen. Frust kann auch mal dazugehören.«
»Meine Tür ist immer offen. Authentisch sein, das ist wichtig.«
»Fühlen und spüren.«

Wir spüren Bruno als Mensch im gesamten Interview. Er ist für uns nahbar, greifbar. Susan und ich nehmen das beide so wahr. Dies macht seine Authentizität aus, seine Natürlichkeit. Wir empfinden es so, als wenn genau diese Authentizität, dieses Echtsein Vertrauen erzeugt.

Positiv sein

»Bruno, du bist immer so positiv!« Das hört der CEO sehr oft.

Er selbst sagt von sich, es seien nur zwei bis drei Tage im Jahr, an denen er nicht gut drauf sei, das merke man ihm dann auch an. Für ihn persönlich ist es selbstverständlich, immer positiv zu sein. Auch Fehler seien positiv, wenn aus ihnen gelernt würde. Ein Misserfolg sei dann auch ein Erfolg. Es ist seine Einstellung, die den maßgeblichen Unterschied macht. So findet er stets Lösungen, seien die Situationen, Krisen oder Umbruchphasen noch so herausfordernd.

Humor und Augenhöhe

»Spaß gehört zur Arbeit.«
»Jede Person verdient Respekt.«

»Selbstbewusst sein, dass jeder Tag neue Herausforderungen mit sich bringen kann.« Das ist für Bruno wichtig, und das fordert er auch von seiner Führungsmannschaft, denn wie wir von Bruno schon oft hörten, ist das »Human Element« essenziell in der Zusammenarbeit und für den Erfolg. So muss man täglich abschätzen, was das Richtige ist, wie es den Leuten im eigenen Umfeld geht, und auch das Soziale und Kulturelle beobachten – oft jedoch mit einer Prise Humor, wenn es passt.

2. Um mit einem Geschäftspartner erfolgreich zu sein, braucht es eine gemeinsame Basis. Wie pflegt ihr eure Beziehung proaktiv, um langfristig gemeinsame Erfolge zu erzielen?

»Meine Tür ist immer offen.«

Ein entscheidender Schlüssel ist für Bruno, Berührungsängste gar nicht erst entstehen zu lassen. Ihm ist es wichtig, sein Gegenüber am richtigen Punkt abzuholen. Er nennt diesen Prozess »Grounding oder Basics«. Als essenziell empfindet er außerdem, dass du mit dir selbst zufrieden bist. Diese Zufriedenheit sei – genau wie Eigenverantwortung – erlernbar. Hat er in Bezug auf die zwischenmenschliche Chemie bei einer Person irgendwo ein Störgefühl, dann hilft ihm die Haltung »Ich lerne von der anderen Person«.

»So bringst du die Menschen auf einen anderen Impuls, so kannst du sie stimulieren. Deshalb empfehle ich, viel Zeit in die Kommunikation zu investieren – fühlen und spüren.«

Anerkennung ist seiner Erfahrung nach die gemeinsame Basis für langfristigen Erfolg. Auch regelmäßiges Feedback oder überraschende Spot-Awards (Auszeichnungen für speziell Geleistetes oder Mut in einer Situation) zählen dazu. Die Frage, die er dafür als Beispiel bringt, finden wir persönlich sehr stark:

»Wie stellst du sicher, dass jemand wahrgenommen wird?«

3. Wenn du merkst, dein Gegenüber »ist noch nicht so weit« wie du, wie befähigst du die Person, damit ihr vorankommt?
Wichtig ist eine offene, klare und transparente Kommunikation, welche sicherstellt, dass Personen und Teams den gleichen Wissenstand haben. Das Element Kommunikation sehe ich als elementares Medium dafür, dass das Buy in stimmt, wie bei einer Übernahme von Gesellschaftsanteilen eines Unternehmen durch ein externes Management, sodass der Fortschritt stufengerecht widergespiegelt wird.

Bruno befähigt andere, indem er sich oder seinem Gegenüber folgende Fragen stellt:

Geht es dir gut (privat/im Team)? Hier ist wichtig, zu verstehen, was eine Person gerade fühlt, was eine Person bewegt oder beschäftigt. Für mich ist eine offene Kultur, Vertrauen und Respekt wichtig. Wenn ich fühle oder spüre, dass eine Person anders reagiert, stelle ich lieber Fragen als gleich mit dem Thema loszulegen.

Warum möchte die Person das nicht? Oft steht hinter einem Widerstand oder Unsicherheit ein Zweifel oder der Mut fehlt. Natürlich ist jede Person anders und das ist zu berücksichtigen. Oft reichen Erklärungen, Mentoring oder Coaching, oder auch einfach regelmäßige Meetings, um die Bedenken auszuräumen. Merke ich, dass die Person das wirklich nicht möchte, darf aus meiner Sicht nicht Druck ausgeübt werden, sondern nach Alternativen gesucht werden.

Fühlt sich die Person nicht wohl? Darum sind für mich im Meeting Eingangsfragen et cetera wichtig, um herauszufühlen, ob die Person sich wohl fühlt oder nicht. Dabei darf ein Meeting auch verschoben werden, dass mache ich manchmal auch, wenn ich merke, dass es nicht mein Tag ist, oder ich mich einfach nicht in der nötigen Verfassung befinde, Dinge professionell anzugehen.

Fehlt etwas? Wichtig für mich ist auch immer eine holistische Betrachtung: »Fehlt etwas an der Kommunikation, im Team, beim Kunden. Gab es Vorfälle, die die Person oder das Team bewegt?« Hier helfen mir unterstützende Fragen, was zum Beispiel eine Zielerreichung erleichtern würde. Eine offene Kultur und Akzeptanz zu fördern, ist für mich elementar. Dazu gehören sprachliche, kulturelle oder fachliche Elemente, die dem Team gegeben werden müssen.

Fehlt es an Tools? Bei gewissen Projekten können zum Beispiel nicht alle Details zu Beginn schon geklärt werden. Daher kann es gut sein, dass Tools wie Zugang zu Plattformen, der Zugang zum System fehlen und die Teams damit an der Umsetzung gehindert werden. Hier bin ich ein Befürworter für agile Planung, mit sehr regelmäßigen Teamabsprachen im Projekt, auf taktischem und strategischem Level. So kann man rasch Diskrepanzen herausfinden und adressieren.

16. Wie Bruno gemeinsam mit seinem Team wirkt

von Susan Omondi

In unserem Gesprächsverlauf hören wir deutlich heraus, wie Bruno »purpose-driven« ist, sprich: mit Sinn (oder Sinnhaftigkeit) führt. Nun möchten wir konkret herausfinden, wie er gemeinsam mit seinem Team wirkt.

Allein zu agieren genügt nicht immer, wie du bereits in Teil 3 gesehen hast.

Wir sind nun neugierig darauf, wie Bruno einen »purpose-driven« Führungsstil in seinem Team umsetzt. Dazu nutzen wir weitere drei Fragen.

1. Gab es schon Momente bei dir als Führungskraft, in denen du dachtest (laut oder leise): »Wenn meine Mitarbeitenden doch nur proaktiver wären ...?«
»Ganz klar«, sagt Bruno und lacht dabei. »Die Frage hat mich direkt angesprochen«, ergänzt er. »Ich finde Zielvereinbarungen in Großfirmen sehr irreführend. Dort ist meist zu viel Monetäres drin; es fehlen aber ›Human Elements‹.«

Selbstkritisch und vorausschauend erzählt er von einer Personal Development Plan Survey, einer Umfrage, die er einmal durchführte, um die Wirksamkeit der verfügbaren Instrumente für die Weiterentwicklung von Personal zu überprüfen. Die Firma Atos AG, Switzerland hat dazu eine eigene Plattform und investiert bewusst in ihre Mitarbeitenden.

Er war mit dem Ergebnis nicht zufrieden, also fragte er auch direkt, woran es lag.

»Ich war überrascht, als ich die Antwort erhielt: ›Wir haben keine Zeit.‹ Ich fragte: ›Wie bitte? Keine Zeit, etwas für dich auszubauen und in deine Skills zu investieren?‹ Bruno stellte dann fest, dass viele, vor allem jüngere Mitarbeiter auf dynamische Entwicklung setzen und daher die Plattform eher als verpflichtend sahen. Bruno betont weiterhin: ›Wichtig für die Proaktivität im Team ist, dass dieses Wort nicht nur ein Wort bleibt, sondern gelebt wird. Mir ist wichtig, dass Probleme und Chancen angesprochen werden. Wir haben über dreißig Nationalitäten bei Atos. Das ist eine coole und kreative Energie und Kultur, die da zusammenkommt.‹«

Hemmend findet er – und wir können dies aus Erfahrung bestätigen – die »Es-ist-mir-egal-Einstellung«.

Mit Hinblick auf Diversität ist es für ihn wichtig, dafür zu sensibilisieren, dass Menschen in Asien, Europa und Amerika nicht immer gleich kompatibel sind und nicht dieselben Beweggründe haben – aus persönlichen oder kulturellen Gründen. Auch hier betont er seine Vorbildfunktion als Führungskraft. Er möchte vorleben, was er von anderen fordert, damit Menschen mitziehen. Er glaubt, dass alle Menschen und jedes Unternehmen das Potenzial und gleichzeitig eine Herausforderung haben, wenn es um Proaktivität geht.

In seiner Weitsichtigkeit möchte Bruno in naher Zukunft eine Studie ins Leben rufen, mit der herausgefunden werden soll, welche Auswirkungen »Social Disconnect« als Phänomen der Pandemie und die Ansprüche verschiedener Generationen auf Proaktivität und Produktivität langfristig in Unternehmen haben.

Wir sind der Auffassung, dass das Fordern von Proaktivität bereits bei der Auswahl von Personal beginnt, damit Menschen wissen, was von ihnen erwartet wird. Brunos Strategie dazu lautet:

»Hire slow, hire by attitude – für mehr Produktivität. Es bleibt dennoch eine Herausforderung.«

Fast monatlich führt er CEO Townhall Meetings durch, um für alle Beteiligten in Erfahrung zu bringen, wo die Firma aktuell steht. Dabei fordert er sein mittleres Management sowie seine direkt unterstellten Mitarbeitenden mit diesen Fragen heraus:

»Wie stellt ihr sicher, dass wir und ihr wahrgenommen werdet?«
»Gibt es andere Wege, die Atos noch nicht nutzt?«
»Was denken die Mitarbeitenden wirklich?«

Dabei verlangt er ausdrücklich, dass Optimierungspotenzial angesprochen wird, und ermutigt sein Team, diese Offenheit beizubehalten. Auch nimmt Bruno regelmäßig mit kurzen Surveys den Puls (wie er es nennt), um auf aktuelle Fragen ein Live-Feedback von seiner Mannschaft zu erhalten.

»Wenn dein Manager das nicht hören möchte, gehe weiter. Wenn auch der Manager deines Managers das nicht hören möchte, komm zu mir.«

Für Bruno ist es essenziell, dass die Atos-Mitarbeitenden wissen, was von ihnen erwartet wird: nämlich, dass sie sich proaktiv verbessern. Doch er gibt auch ehrlich zu, dass beim Thema Proaktivität noch Luft nach oben ist.

Wir nicken und können diese Tendenz auch aus unserer branchenübergreifenden Erfahrung mit verschiedensten Unternehmen bestätigen. Genau diese Beobachtung hat uns dazu inspiriert, dieses Buch zu schreiben.

2. Welche Instrumente sind bei Atos integriert, um Eigenverantwortung und damit eure Wettbewerbsfähigkeit zu stärken?
Neben den oben erwähnten Werkzeugen wie CEO-Meetings und das stetige Abfragen neuer Wege und Ideen, die Atos noch nicht nutzt, erwähnt er weiterhin diese Instrumente:

Zieldefinition: Hier wird für alle Beteiligten die Frage beantwortet: »Was wollen wir erreichen – mit welchen Produkten und in welchen Branchen?« Es ist ihm ein Anliegen, dass Menschen an einem Strang ziehen.

Jede Woche ein Ristretto-Call (bewusst nicht Espresso): Ziel ist es, in Erfahrung zu bringen, was sein Sales-Team in der vergangenen Woche bewegt hat und in den nächsten fünf Tagen plant. Hier werden Kennzahlen angesprochen und reflektiert. Produktivität und Erfolg stehen im Vordergrund.

Cold Calls werden gemacht, um zu schauen, ob die Meeting-Teilnehmenden auch zuhören und beim Thema dabei sind. Denn in Brunos Welt gibt es nichts Schlimmeres, als wenn Leute in Meetings sitzen, aber nicht aktiv dabei sind.

Insight Pitches: Ziel ist es, Innovation zu fördern und zu fordern. Dabei geht es nicht nur darum, mit einer Sache Erfolg zu haben, sondern auch Fehlschläge als Erkenntnisse wertzuschätzen und dadurch besser und proaktiver zu werden.

Events: Zu diesen Veranstaltungen wird meist ein externer Guest Speaker eingeladen, nach dem Motto: »Wir haben die Chance, etwas Neues zu lernen.« Wenn Menschen anschließend darüber sprechen, weiß Bruno, dass die Botschaft angekommen ist.

Weekly Live-Calls »Atos-Live«, in denen jeder Mitarbeitende Updates erhält, intern und extern. Dieser Call ist bewusst optional, aber es sind wöchentlich immer hundert oder mehr Mitarbeitende dabei. Ziele sind hier das Dranbleiben und immer wieder zu vermitteln, warum das Unternehmen tut, was es tut. Es wird mit dem Format Raum für Fragen und Antworten gegeben. Teams tauschen sich aus, Menschen stimulieren sich gegenseitig, insbesondere in einer dynamischen Branche wie der IT.

»Stehung«, nicht Sitzung: Dieses Format wird für kurze Updates, Absprachen et cetera eingeführt. Es findet im Stehen statt, damit wir auch bei der Sache sind und keine Möglichkeit haben, Notebooks oder andere Geräte zu nutzen.

Mit all diesen Tools möchte Bruno als CEO auch Disconnection wahrnehmen können, um rechtzeitig zu handeln, aber auch, um das Einbinden aller Mitarbeitenden und die Stärkung der Kultur zu fördern.

Ihm ist bewusst, dass Strukturwandel Zeit und Jahre braucht und nicht erzwungen werden kann. Menschen brauchen Pflege, ganz nach dem Motto: »Das Gras wächst nicht schneller, wenn wir daran ziehen.« (Afrikanisches Sprichwort)

Wir nehmen Bruno Schenk als einen sichtbaren und nahbaren CEO wahr. Er ist beispielsweise auf LinkedIn, Instagram und auf weiteren Kanälen aktiv. »Brand Ambassador« (Markenbotschafter) sagen viele zu ihm. Die persönlichen Nachrichten bewegen auch ihn. Ihm ist wichtig, dass er mit seinen Beiträgen Herzen erreicht und dass in allem, was er tut, das »Human Element« nicht verloren geht.

Bruno selbst sieht es so: »Für mich und für meine Firma ist das ein Spiegel. Ich selbst suche Mitarbeitende nach ihren Profilen und nach ihren Beiträgen. Ich möchte erfahren: »Worüber sprechen diese Menschen? Was bewegt sie?«

Ein Glück für uns, dass Bruno durch einen unserer LinkedIn-Beiträge auf unser Buchprojekt aufmerksam geworden ist.

3. Wir tragen alle auch Verantwortung für unsere Produkte und Lösungen. Nachhaltigkeit ist hier ein Stichwort. Was machst du konkret als CEO mit deinem Team, sodass ihr mit euren Lösungen positive Auswirkungen auf die Menschen und auf die Umwelt erzielt?
Nachhaltigkeit und Übernahme von Verantwortung für seine eigenen Produkte ist Bruno ein wichtiges Anliegen.

Bruno berichtet, dass er jüngst stolzer CEO4Climate geworden ist, was ihn sehr ehrt. Dies hat mit der Partnerschaft von »swisscleantech« zu tun. Dort sind CEOs dabei, die sich mit dem Thema Sustainability wirklich befassen und in der Firma oder am Markt etwas bewegen. Es geht natürlich auch darum, die Firma dort zu repräsentieren und Einfluss zu nehmen.

Er findet es paradox, dass jede Firma wachsen möchte und zugleich nicht wirklich bereit ist, in Nachhaltigkeit zu investieren:

»Ohne Nachhaltigkeit wird es bald einen Crash geben.«
»Wir müssen lernen, in Ökosystemen zu denken.«

Brunos Überzeugung erkennst du in seiner folgenden Aussage: »Wir können nicht für alle die Welt retten, aber jeder kann Mehrwert generieren und sich gleichzeitig für Nachhaltigkeit einsetzen – und zwar so früh wie möglich. Jeder kann etwas in seinem Einflussbereich bewegen. Das Dümmste, was du machen kannst, ist, jedes Jahr ein neues Smartphone zu kaufen, aber auch ich habe hier noch Potenzial.«

Hier bist du auch gefragt, lieber Leser und liebe Leserin:

- Was ist nachhaltig?
- Was ergibt Sinn?
- Was kannst du selbst beeinflussen?
- Was kannst du auch jetzt schon tun als Privatperson, wie zum Beispiel Müll trennen?

Es geht auch darum, dass du dich über Themen informierst, die die Gesellschaft aktuell bewegt. Als Beispiel bringt Bruno das Thema Plastik und fragt sich: Ist es das Plastik selbst oder sind es die Zutaten im Plastik? Die Erkenntnisse liefern dir einen anderen Ausgangspunkt, den Handlungsbedarf zu erkennen.

Dem CEO geht es darum, Impulse zu setzen, um etwas zu bewegen. In diesem Zusammenhang hat die Atos-Gruppe vor drei Jahren ein Unternehmen »Eco Act – Consulting Sustainability« aufgekauft mit dem Ziel, Produkte für den Kunden zu entwickeln, damit sie ihren eigenen Beitrag zur Nachhaltigkeit beschleunigen können. Bruno erläutert weiter:

»Wir fragen auch direkt, welche Produkte den Kunden von Atos wiederum helfen, ihren Beitrag zur Nachhaltigkeit zu leisten. Denn aus unserer Sicht gehen Nachhaltigkeit und Technologie Hand in Hand und unterstützen sich gegenseitig.«

Bruno stellt klar, dass er nicht etwas von anderen erwarten kann, was er selbst nicht weiß und lebt. Daher setzt er als CEO und Atos als Unternehmen auf Bildung (Aufklärung) und Bewusstsein – auf jedem Level. Konkret hilft Atos seinen Kunden dabei, Tools für das Reporting zu entwickeln, die Zahlen und eigene Beiträge zur Nachhaltigkeit besser zu verstehen. Sonst wissen die Kunden nicht, wo sie ansetzen sollen. Ein aktuelles Beispiel ist dabei die Zusammenarbeit mit einem Start-up in der Schweiz, das Brillen und Sportsonnenbrillen produziert. Hier wird die gesamte Wertschöpfungskette samt Kennzahlen-Reporting durchleuchtet, von der Rohstoffgewinnung bis hin zum Recycling.

Er ist überzeugt, dass durch solch eine Kooperation auch neue Businessmodelle entstehen. So Bruno:

»Viele Firme erstellen aktuell Corporate Social Reports (CSR), verstehen aber selbst nicht, was genau sie reporten. Wir zeigen mit unseren Tools, was die Zahlen bedeuten. Mit unseren technischen Lösungen tragen wir zur Transparenz bei, damit die Kunden wissen, was sie tun können. Die Entscheidung bleibt jedoch bei ihnen selbst.«

Bruno bildet sich gerne weiter und schaut über den Tellerrand hinaus.

»Super, dass wir von Ländern wie Ecuador und Südafrika lernen können. Offen zu sein, zu lernen, das bringt uns nachhaltig weiter.«

Bei der Frage, wie er seine Mitarbeitenden bewegt, sich für verantwortungsvolle Lösungen einzusetzen, merken wir, welche Bedeutung dieses Thema für Bruno hat.

Die Antwort lautet: »Purpose-driven.«

Bruno muss niemandem etwas beweisen, sondern führt gerne mit Sinn und Klarheit. Er bleibt konsequent.

Damit sein Team gemeinsam nachhaltig wirkt, gehört für ihn eine Feedbackkultur dazu, die Scheitern zulässt: »Wir sind Weltmeister im Kritisieren«, sagt er selbstkritisch.

Eigenverantwortung im Zusammenhang damit, Entscheidungen zu treffen und Fehler zu machen, bleibt eine Herausforderung in Unternehmen. Bruno ist überzeugt, dass eine toxische Arbeitsumgebung entsteht, wenn Mitarbeitende Angst haben, Fehler zu machen. Denn ohne Entscheidung kann keine Erfahrung gesammelt werden. Ohne Erfahrung bleibt eine Weiterentwicklung aus. Fehler ohne Fingerpointing und Schuldzuweisung hingegen bringen Menschen zusammen. Krisen bringen Menschen zusammen.

Dabei ist es ihm bewusst, dass jeder Mensch eine eigene Wahrnehmung hat sowie ein eigenes Tempo in der Umsetzung von Eigenverantwortung. Laut Bruno ist es wichtig, diese Menschen nachhaltig zu begleiten, nicht nur als einmalige Übung. Außerdem spielen Anerkennung und Belohnung eine wichtige Rolle für Menschen, die sich einbringen.

Dazu hat Atos global und in der Schweiz mehrere Plattformen gebaut, sei es, um gemeinsam den »Super Bowl« bis um vier Uhr morgens zu schauen, gemeinsame Mountainbike-Trainings, ein globaler Olympia-Sportevent im Monat Mai, Innovationstalks. Dadurch entstehen Eigenverantwortung und die entsprechende Teamdynamik. Das Ziel ist einfach: Es geht darum, sich zu begegnen, sich persönlicher kennenzulernen, Spaß zu haben, aber auch die eigene Komfortzone hin und wieder zu verlassen.

»Wir haben nicht das, was Google anbietet, wir haben sehr viel anderes. Wenn du Ambassadors und Change Agents im Unternehmen hast, hast du gewonnen.«

Ihm ist bewusst, dass Engagement das A und O ist. Er selbst bleibt aktiv, damit seine Leute aktiv bleiben. Wenn jemand keine Meinung hat, ist das für Bruno ein eher schlechtes Zeichen.

Eigenverantwortung ist das Beste, was dir passieren kann. Eigenverantwortung ist anziehend. Wir ermutigen dich als Führungskraft, als Projekt- oder Teamleitende oder als ein Elternteil, eine Umgebung zu schaffen, in der Menschen voneinander lernen und Verantwortung für sich selbst und für ihr Tun übernehmen. Dazu gehört, dass du sie ermutigst und ihnen Angst nimmst.

Für Bruno gilt: »Dein Leben, deine Ziele. Meine Aufgabe ist es, Menschen zu inspirieren und Freiraum zu geben. Dann bringen sie Ergebnisse.«

17. Erkenntnisse einer spannenden Begegnung

von Susan Omondi und Alexandra Lang

Wir erkennen aus dem Gespräch mit Bruno, dass es ausschlaggebend ist, du selbst zu sein, das machst und lebst, was du von anderen erwartest. Es ist der einfachste Weg. Es ist der einzig glaubwürdige Weg. Zur Eigenverantwortung gehören alle Storys, ob Erfolg oder Misserfolg, Storys zur Person in unterschiedlichen Rollen und Storys, die ein Team dazu bewegen, miteinander zu wirken. Es gehört auch Mut dazu. Mut, Dinge zu tun, Mut, um über Geschehenes zu berichten und Mut, um zu reflektieren. Eigenverantwortung braucht zudem Raum und Platz, damit sie sich in Menschen und in Teams entfalten kann. Eigenverantwortung ist keine einmalige Übung, sondern eher ein Dauerlauf oder Langstreckenmarathon. Sie braucht immer wieder so etwas wie Training. Sie muss zur guten positiven Gewohnheit werden dürfen. Wenn du in deinem Umfeld Multiplikatoren gewinnst (Bruno nennt sie liebevoll Ambassadors (Botschafter) und Change Agents), dann entwickelt sich eine Dynamik. Eigenverantwortung zieht sich dann durch dein Handeln: In deiner Ausstrahlung, in deiner Energie, in deinem Mut bis hin zu deinen Lösungen wird Eigenverantwortung sichtbar. Und natürlich in deinem Umfeld.

Nach dem offiziellen Teil möchten wir Bruno Schenk noch etwas näher als Privatperson kennenlernen: »Woran erkennst du, Bruno, dass du sowohl daheim als auch im Unternehmen eigenverantwortliches Handeln unterstützt und verlangst?«

»Ob ich happy bin oder nicht«, lautet seine ganz spontane und kurze Antwort.

Dafür ist ihm Zeit für sich selbst wichtig. Er braucht Zeit für sich, um etwas Wichtiges zu verarbeiten. Achtsamkeit ist für ihn das Schlüsselwort. Ihm ist es wichtig, sich Klarheit darüber zu schaffen, wofür er seine Zeit investiert. Er fragt sich vor jeder Entscheidung: »Ist es das, was ich wollte? Passt das für mich?« Oder: »Habe ich Zeit für meine Familie oder für meine Mitarbeitenden reserviert?« Bruno lebt auch mit den Konsequenzen, Nein zu anderen Menschen und zu Dingen zu sagen, um Freiheit und Zeit für sich zu gewinnen. Wenn er happy ist, merken das die Menschen. Dann gewinnt er. So Bruno: »Wenn du Menschen in den Vordergrund stellst und nicht das Monetäre, dann strahlst du etwas aus, was die Menschen anziehend finden.« Privat und beruflich trennt er nicht. Er lernt von beiden Seiten. Ihm ist bewusst, dass er sich mit seiner Art nicht immer Freunde macht. Auch das ist okay. Dabei betont er, wie wichtig es ihm ist, auf Feedbacks und die eigene Wahrnehmung zu hören und sich zu fragen, ob was Wahres dran ist – Herz, Bauch und Kopf vereint.

Bruno versäumt es nicht, uns noch etwas zum Schluss mitzugeben, was wir dir auch mitgeben möchten, wenn du wirklich Menschen anstatt Zahlen in den Vordergrund stellen möchtest: »Gehe in jedem Land, in das du reist, ins Dorf, nicht in das Fünfsternehotel für Touristen. Sonst lernst du nie die einheimische Bevölkerung kennen. Mische dich unter sie – hebe dich nicht ab, lasse dich auf Menschen ein.«

Wir haben die Ehre, in erster Linie einem offenen Menschen und dann einem CEO begegnet zu sein, der Eigenverantwortung lebt. Bruno Schenk hat uns durch dieses Interview viele Impulse mit auf den Weg gegeben. Die wichtigsten haben wir für dich hier zusammengefasst.

Wir wünschen Bruno nur das Beste und sagen ihm herzlichen Dank für diese wertvollen Inhalte und für die berührenden Storys.

Wir wünschen dir ebenfalls, liebe Leserin und lieber Leser, dass du den nötigen Mut findest, etwas zu wagen, und dass du Menschen mit deiner Klarheit und deinem Purpose für verantwortungsvolle Lösungen begeisterst.

Teil 6:
Zu guter Letzt –
mach dein Ding genau jetzt!

Liebe Leserin, lieber Leser,
vielen herzlichen Dank, dass du dich auf unser Buch »Eigenverantwortung – Das Beste, was dir passieren kann« eingelassen hast.

Du hast erkannt, wie attraktiv Eigenverantwortung im Umgang mit dir selbst und mit anderen ist. Du stärkst deine Beziehung zu dir selbst, zu deinen Mitmenschen – im gesamten Team. Du gehst mit Hindernissen nun bewusst um und schaffst dir selbst Freiräume. Mit deinen proaktiven Gestaltungsmöglichkeiten erzielst du hervorragende Ergebnisse.

Großartig, dass du bereits die ersten Erkenntnisse umsetzt, ins Tun kommst und wirkst. Wenn du jemanden kennst, dem dieses Buch weiterhilft, empfiehl es gern weiter.

Abschließend gibt es zu sagen, dass auch wir Autorinnen uns während des Schreibprozesses besser als einzelne Person und als Team kennengelernt haben. Es hat sich gezeigt, mit jedem neuen Tun entstehen auch neue Erkenntnisse. Es hat uns große Freude bereitet, und wir freuen uns zu erfahren, was du konkret mitgenommen und umgesetzt hast.

Wir freuen uns auch, wenn du uns auf LinkedIn folgst und wir vielleicht auch von dir lernen dürfen. Was ist zum Beispiel deine wertvollste Erkenntnis, die du beim Lesen dieses Buches gewonnen hast? Es interessiert uns sehr. Schreibe uns!

Möchtest du Eigenverantwortung für dich und im Team in der Praxis umsetzen, dann begleiten wir dich gerne.

Zwei Impulse möchten wir dir gern noch mitgeben:

»Die Währung der Zeit sind die herzerfrischenden Verbindungen. Erkenne, was dir Freude macht, komme ins Tun und wirke. Nutze diese Topchance der Eigenverantwortung und lebe dein bestes Selbst. So befähigst du auch andere – für ein freudvolles Miteinander.«

Alexandra Lang, Mai 2023

»Konfliktkompetenz ist die Schlüsselfähigkeit, um deine Eigenverantwortung zu stärken und um deinen Einflussbereich sowie deine positive Auswirkung auf die Welt zu erweitern. Mit deiner Konfliktfähigkeit verhinderst du die Entstehung von Mauern und destruktiven Annahmen. Du bist frei und gehst jeden Tag über deine Grenze hinaus.«

Susan Omondi, Mai 2023

Ich. Du. Wir.

Alexandra Lang und Susan Omondi bieten Webinare aus der Impulsnah-Reihe zum Thema Wie du deinen Einflussbereich erkennst und erweiterst an. Sie sind davon überzeugt, dass wir alle erst durch das Bewusstsein für den eigenen Einflussbereich ein solides Fundament für den beruflichen und persönlichen Erfolg erlangen. Näher kennengelernt haben sich die beiden während der Pandemie im ersten, sehr herausfordernden Lockdown, als bei vielen eine Achterbahn der Gefühle ausgelöst wurde, als existenzielle Ängste hochkamen und es dringend rasche Lösungsansätze und Orientierung brauchte.

Susans Leitsatz lautet: **»Wenn wir uns aufeinander einlassen, passiert Magie.«**

Alexandras Leitsatz lautet: **»Die Währung der Zeit sind herzerfrischende Verbindungen – für greifbare Ergebnisse.«**

Diese Leitsätze decken sich so sehr, dass die beiden aus tiefstem Herzen beschlossen, ein gemeinsames Buch zu schreiben – eines mit der Absicht, dass Menschen ihre wahre Kraft in sich entdecken, entwickeln und weit in die Welt hinaustragen.

Quellenverzeichnis

Akademie für angewandte Zukunftsbildung: Kurt Tepperwein – seine besten Zitate (und was du daraus lernen kannst). aazb.org/kurt-tepperwein-zitate.

Robert Betz (2023): Funkspruch zwischen Flugzeugträger und Leuchtturm. robert-betz.com/mediathek/inspirationen/funkspruch-zwischen-flugzeugtraeger-und-leuchtturm.

Stephen R. Covey (2004): The 7 habits of highly effective people. Pocket Books, New York, USA.

Rolf Dobelli (2020): Die Kunst des guten Lebens. 52 überraschende Wege zum Glück. 5. Auflage. Piper, München.

Frank Dückershoff (2011): Albert Einstein Zitat – Fehler. Welt der Zitate. welt-der-zitate.de/albert-einstein-zitat-fehler.

European Commission (2011): Communication from the Commission to the European Parliament, the Council, the European Economic and Social Committee of the regions. A renewed EU strategy 2011-14 for Corporate Social Responsibility. eur-lex.europa.eu/LexUriServ/LexUriServ.do?uri=COM:2011:0681:FIN:EN:PDF.

Gedankenwelt (2023): Die 7 besten Zitate von Louise Hay. gedankenwelt.de/die-7-besten-zitate-von-louise-hay.

Grundl Leadership Institut (2017): So durchbrechen Sie Ihre Reiz-Reaktions-Muster. www.grundl-institut.de/blog/reiz-reaktions-muster-durchbrechen.

Gute Zitate: Baruch Benedictus de Spinoza. gutezitate.com/zitat/183721.

Gute Zitate: Stephen R. Covey. gutezitate.com/zitat/177182.

Gute Zitate: Viktor Frankl. gutezitate.com/autor/viktor-frankl.

Dieter Jenz: Niemand kann mich ohne meine Erlaubnis verletzen. dieter-jenz.de/lc/niemand-kann-mich-ohne-meine-erlaubnis-verletzen-gandhi.

Kanbanize: Die 5 Warums. Das ultimative Tool zur Grundursachenanalyse. kanbanize.com/de/lean-management-de/verbesserung/5-warums-analyse-tool.

Alexandra Lang (2020): Bewusstsein und Business. Ein Interview mit Kurt Tepperwein. www.youtube.com/watch?v=p1HHk24Aelc.

Minority Report (2002): Nach einer Kurzgeschichte von Philip K. Dick (1956). Regie: Steven Spielberg.

Volker Mühl (2018): Zwischen Reiz und Reaktion liegt ein Raum ... »Limbi« muss nicht siegen! https://volkermuehl.de/blog/zwischen-reiz-und-reaktion-liegt-ein-raum-limbi-muss-nicht-siegen.

Morten Rand-Hendriksen, Susan Omondi (2021): Grundlagen der Ethik und der 4-Ecken-Ansatz. LinkedIn-Onlinekurs. de.linkedin.com/learning/ethik-in-technologie-und-design/grundlagen-der-ethik-und-der-4-ecken-ansatz.

Kurt Tepperwein (2023): Tepperwein Collection. www.tepperwein.net/?Tepperwein-Collection.

Nils Warkentin (2021). Mikromanagement. Wenn sich der Chef zu viel einmischt. karrierebibel.de/mikromanagement.

Wikipedia (2022): Dankbarkeit. de.m.wikipedia.org/wiki/Dankbarkeit.

Wikipedia (2020): Interdependenz. de.wikipedia.org/wiki/Interdependenz#Sozialpsychologie_und_Gruppendynamik.

Marianne Williamson (1993): Rückkehr zur Liebe. Harmonie, Lebenssinn und Glück durch »Ein Kurs in Wundern«. 12. Auflage. Goldmann, München.

Wortbedeutung.info: Einflussbereich. www.wortbedeutung.info/Einflussbereich.

Michela Wrong (2010). It's Our Turn to Eat: The Story of a Kenyan Whistle Blower. Harper Perennial, New York City, USA.

Für alle genannten Links gilt: letzter Zugriff am 16. Juni 2023.

Radikales Selbstvertrauen

Yana Fehse
Radikales Selbstvertrauen
Die geheime Stärke erfolgreicher Menschen
1. Auflage 2023

220 Seiten; Broschur; 24,95 Euro
ISBN 978-3-86980-669-3; Art.-Nr.: 1155

Weder Wissen noch außerordentliche Fähigkeiten reichen aus, um erfolgreich zu sein. Dafür bedarf es noch einer besonderen Zutat: Selbstvertrauen – und zwar möglichst viel davon!

Leider mangelt es vielen von uns an einem gesunden Selbstvertrauen. Der Grund sind Selbstzweifel. Sie machen uns kleiner, als wir sind, sie lassen uns permanent unter unseren Möglichkeiten bleiben und hemmen unsere Weiterentwicklung.

Niemand kommt mit einem starken oder schwachen Selbstvertrauen auf die Welt. Vielmehr ist es das Resultat von Lernerfahrungen und Vorbildverhalten. Doch jeder von uns kann umlernen! Unser Gehirn ist in der Lage, neue neuronale Netzwerke zu bilden. Es ist wissenschaftlich bewiesen, dass sich sogar unsere Gehirnstrukturen verändern, wenn wir mehr an uns glauben und unser Selbstvertrauen stärken.

Yana Fehses Buch hilft dir, zu verstehen, dass wirklich jeder in der Lage ist, ein unerschütterliches Selbstvertrauen aufzubauen und seine Selbstzweifel in den Griff zu bekommen. Durch die Entlarvung von Selbstsabotage-Mustern und mit praxiserprobten Schritten kann dieses Ziel von jedem erreicht werden.

www.BusinessVillage.de